JN061067

ビジネスマンよ 議員をめざせ！

――セカンドキャリアのすすめ――

東京都東村山市議会議員
鈴木たつお

法政大学大学院 教授
新倉貴士

日本地域社会研究所

コミュニティ・ブックス

はじめに

東京都東村山市議会議員　鈴木たつお

40歳を超えると、ビジネスマンは漠然とした将来の不安や働く目的に疑問をもつ方が多いのではないでしょうか。とくに50代の先輩社員が、役職定年や出向、給与の減額などの厳しい待遇を強いられる姿を見ると、いずれは自分もそういった状況に置かれるのか、と想像してしまう方もいると思います。60歳で定年後、嘱託社員で雇用される昔の上司たちを見ていても、決して憧れる姿ではないはずです。

人生100年時代といわれる昨今、就労人口が減るなかで、70歳への年金給付の引き上げなどが検討されており、働く年齢も上がりつつあります。昔は60歳になれば勇退して自由に老後を楽しめる時代であったかと思います。しかし、晩婚化により、現在では60歳でも高校生や大学生のお子さんを抱える家庭もあるのではないでしょうか。また昔の60歳と現在の60歳を比べると、今の60歳は心身ともに若く、とても隠居をするような年ではないと思います。

しかし、労働市場では一部のエグゼクティブ層を除き、50歳前後から雇用の待遇は悪くなります。まだまだ働ける頭脳明晰なビジネスマンたちが、労働市場から不要な存在となっていく姿は見ていられません。そこで私が提案したいのは、セカンドキャリアのススメです。

仮にビジネスマン人生が23歳～65歳までの42年間とするならば、前半の20数年と後半の20数年を分けて、前半のキャリアと後半のキャリアを思い切って変えてみませんか、という提案です。

このような話をされると、多くの人が「資格を取得して独立をする」とか、「自分でビジネスを開始する」などと考えると思います。しかし、長年組織で働いてきたビジネスマンは組織に慣れてしまい、独立してもうまくいかないケースが多いような気がします。

そこで、私がおすすめしたいセカンドキャリアは地方議員です。議員というとハードルが高くて、普通のサラリーマンではなれないのではないか、と感じる方も多いと思いますが、実は、議員になるためのノウハウというものはちゃんとあります。普通のサラリーマンでも選挙の仕組みや選挙マーケティングの方法を理解できれば、中高年のあなたも議員になれるのです。

民間企業では50歳にもなれば「枯れた感」は否めません。しかし、議員の世界では50歳などは若く、60代、70代、80代も活躍する世界で、当選する限り退職もありません。また議員として経験を積めば積むほど有利になる世界です。

民間の場合は技術やマーケットも日進月歩で、トレンドを追うだけでもかなり大変です。しかし、議員の世界は取り扱う事柄は行政や法律に関わる事象のため、急激な変化を伴うことは多くありません。最初は勉強することがたくさんありますが、知識を積み重ねることで議員としての幅も広がります。

現代でも、議員は二代目や三代目が多いのが実情です。議員は市民の代表であり、本当は一番マジョリティーである「普通のサラリーマン」から議員が多く誕生するのが理想的な姿であると考えています。ビジネスマンとして経験を積んできたあなたは、立派な市民代表になりうるのです。また、一般企業で培った能力や知見は、行政分野で十分に役に立つのです。

私自身も将来のキャリアに悩み、再度大学院の修士課程に入り、勉強し直しました。20代のときに大学院を修了したので、久しぶりの勉強でした。大学院で消費者行動論の第一人者である新倉貴士教授の指導の下、「選挙マーケティング」を研究しました。

研究していくなかで、消費者の行動と投票者の行動に共通点があることに気づき、消費者行動論の理論が選挙で応用できることを発見しました。そして私は、実際に研究した内容を実際の選挙で実践し、当選を果たすことができました。

大学院で研究したノウハウをビジネスマンの皆さんに提供することで、議員の門戸が多くの方に開かれることを願い、今回、この本にエッセンスをまとめました。

とくに、第4章では実際の論文をなるべくやさしい言葉に書き直し、新倉教授と研究生のQ&Aを通じて、新倉教授の解説も入れて読みやすくなるように工夫しました。優秀であるにもかかわらず、何かもやもやしたものを感じている40代、50代のビジネスマンにこそ議員になってもらい、市民または世の中のために働いてほしいのです。

ぜひ、この本を読んだあとに、議員というセカンドライフに挑んでいただきたいと思います。

はじめに

法政大学大学院　経営学研究科　教授　新倉貴士

今、どの業界でも「消費者」を大切にしています。「消費者目線に立て」「消費者の声に耳を傾けよ」「消費者に寄り添え」という掛け声が毎日のように飛び交っています。まったくそのとおりで疑う余地もありません。しかし、いったいどの消費者の目線に立ち、どの消費者の声を聴き、どの消費者に寄り添えばよいのでしょうか。

消費者は一人の場合もあれば、複数の場合もあります。理想的には、すべての消費者一人ひとりの目線に立ち、その声を聴き、そして一人ひとりに寄り添う必要があります。ただ現実には、なかなか実現できません。

では、消費者が複数の場合、誰の目線に立ち、誰の声を聴き、誰に寄り添えばよいのでしょうか。なかなか難しい問題です。マーケティングではセグメンテーション（細分化）という考え方があり、市場全体を複数に細分化して、個々の部分市場を想定しながら実践していきます。細分化は、実現すべきマーケティングの目的により異なります。

その目的を明確にして、全体を個々の部分に細分化することが第一歩となります。国であれ地方自治体であれ、そのマーケティングを実践していくためには、こうした全体を構成する個々の部分を特定化し、それらの最適化をはかりながら、全体の最適化を実現していきます。

私の研究対象であるビジネスという世界も、さまざまな業界や市場から構成されています。ビジネス全体としてひと括りにすると、一つひとつの業界や市場はローカルな個々の部分となります。アカデミックの世界では、個々の部分で観察される具体的な現象や事象を解明しながら丹念にそれらの知見を積み上げ、全体で共有できる抽象的な理論やモデルの構築を目指します。

そして、構築された理論やモデルをもって、さらなる個々の現象や事象をひも解き、その有効性を競い合います。たとえば、医療の分野ではいくつかの症状を観察あるいは症例を検討しながら、特定の病気を想定して有効な薬を投与します。難しいのは、病気が特定できないときです。

そこで、さまざまな病気に効く万能薬が重宝されます。これと同じように、さまざまな現象や事象を幅広く説明できる理論やモデルには価値があります。

私の専攻分野は、消費者行動論という研究領域です。ここでも同様に、個々の消費者に関する具体的な現象や事象を観察しながら、抽象的な理論やモデルの構築を目指します。さまざまな業界や市場で、消費者は製品やブランドの消費行動をしています。

もう少し細かく見ますと、単なる購買行動だけではなく、収集行動や廃棄行動なども行なっています。消費者行動論では、消費者が何らかのアクションを起こす行動と、その行動の背後に想定される繊細な心理を多様な観点から考察していきます。

さまざまな業界や市場のなかには、消費者に選択されようと懸命なマーケティングを展開するブランドが数多く存在しています。そうした個々のブランドの消費事例も詳細に考察されながら、有効な理論やモデルが構築されてきました。

本書が立脚するのは、読者である皆さんが候補者というブランドになり、有権者に大切な一票を投じていただく選挙マーケティングという視点です。ここでは、有権者の投票行動について、しっかりと理解しなくてはなりません。

そこで、さまざまな業界や市場、そして数多くのブランドの事例から蓄積された豊富な消費者行動に関する知見を総動員して、政界という業界での候補者というブランドを想定して、選挙マーケティングの実践に役立てようと考えました。

鈴木議員は、私の大学院ゼミに所属して、選挙マーケティングに関する修士論文を書き上げました。入学当初から消費者行動論に興味をもち、一般的な消費者マーケティングと特殊な選挙マーケティングの共通性を感じながら研究に取り組んでいました。

在学期間中に出馬する機会にも恵まれて、彼は消費者行動に関するさまざまな理論やモデルを自らの選挙活動で実践し、見事に当選を果たしました。それも、市議会議員選挙の初陣ながら、かなりの票数を集めたようです。

まさに、理論を実社会で実践したのでした。

「理論は実践に役に立ちます」と常々、授業では語っています。でもその後に必ず、「役に立たないときは、その使い方や使う理論を間違えているからです」と言い添えます。薬と同様に、病気に合った正しい使い方や適切な薬を知っておかなくてはなりません。

本書の途中で少々ややこしい学術的な用語が出てきますが、「コラム」や事例を通じて、できるだけわかりやすく解説しています。どうぞ最後まで、じっくりとおつきあいください。

目次

※本書の中で使用する〝オリジナル用語〟の定義をご説明いたします。

①**もやもや症候群**
中高年を突如襲う仕事や生き方のもやもや感、将来への出口のない不安感やあきらめ。

②**もや入り**
もやもや症候群に突入してしまった状況のこと。そこに至る経緯はさまざまである。

③**もや中**
もやもや症候群になり、解決策や出口を必死で探しているが、見つけられない状況。

④**もや脱**
もやもや症候群から脱し、新しい生き方やキャリアをみつけ、前進していく状態。

第1章
セカンドキャリアのすすめ！

その1　ビジネスマンの多くが経験する悩み

中年の危機！　もやもや症候群

中年の危機、もやもや症候群といっても、正式な病名ではありません。脳の血管に生じる病気「もやもや病」のことではなく、40歳を過ぎた中年ビジネスマンが感じたり、経験している状態、を指しています。この世代で、次のようなことを感じている方がいるのではないでしょうか。

- 仕事内容は十分に理解できているが、以前のような高いモチベーションで仕事に取り組めない。
- 職場環境も仕事もマンネリ化している。
- 自分がビジネスマンとしてどのように終わるのか、ある程度は想像できる。
- 想像する自分の将来の姿に納得ができない。
- 自分の先輩たちを見ていると、あのような終わり方はしたくないと思う。
- 自分を変えてみたいが、今の慣れた環境を変えるほどのリスクは負えない。
- このままオジサン、オバサンになっていくのかと、半ば、あきらめの心境。

・まだまだ輝きたいが、今の環境で輝くことが想像できない。
・ビジネスマンとしてここまで我慢してきたのだから、あともう少しだけ我慢しよう。
・退職後の自分が不安。
・職場の交友関係が中心で、プライベートな友人とは久しく会っていない。
・会社を退職したときに交友関係はどうなるのだろうか。

私が、もやもや症候群に至るまで

少なくとも、私は40代前半から半ばまで、このような気持ちを感じながら仕事をしていました。20代のときは仕事を覚えるという緊張感があり、さまざまな経験をすることが日々新鮮で、失敗しながらも仕事を覚えた時期でもありました。30代になると、周囲を見る余裕も生まれ、また仕事を理解し始めていたので、仕事を楽しめるようにもなりました。

しかしその後、40代前半で会社の倒産を経験しました。その後は、再生するために事業統合した企業で働きましたが、働く目的に迷いが出てきました。ひと言で言えば、初めて職場の環境に息苦しさを感じ、また上司や部下との関係にも悩んだのです。

そして、そもそも何で働いているのかもわからなくなり始めました。仕事もおもしろくない、やる気が出ない、仕事に行きたくないが、家庭もあり生活もある……。

それまでの私は、仕事を人一倍がんばろうと努力してきました。努力を重ね、その努力が報われ、実績を一つひとつ、積み重ね、出世することもできました。しかし、残念ながら勤めていた会社が倒産し、過去の積み重ねがある日突然、すべてなくなってしまったのです。

もやもや症候群の原因

勤めていた会社がなくなってしまう、そんな経験をした方は決して多くはないと思います。ですが、組織で働いていれば、「これまで積み重ねてきたことが一瞬で消失した」という経験をした方は案外、多いのではないでしょうか。

役職定年、部下なし管理職、他部門へ移動、関連会社に異動、転勤、早期退職を勧告されて余儀なく転職など、自分が望んでいなくても、会社の都合により環境を変えなくてはいけない状況になることがあります。自分の意志に反する形で環境を変えられると、人のモチベーションは確実に下がります。

会社のためにがんばり、それが実績となり、認められながら組織の階段を一つひとつ上ってきた。しかし、年齢的な問題や会社の都合で部署の異動を強いられる、または転勤や出向を命じられる、などです。

若い20代は多くの場合、会社の都合を理解しようとは思いませんので、気に入らなければ辞める、と決断できると思います。また30代なら我慢をすれば、ビジネスマン人生は長いのでチャンスがくると前向きにとらえることもできます。

しかし、40代ともなると会社の都合も理解し、わがままは言いません。聞き分けがよくなります。一方で、ここですべてを受け入れてしまうと50代になってしまいます。そうなると60歳の定年まで与えられた環境で我慢を強いられることも容易に想像できてしまいます。

脱もやもや（もや脱）の選択肢

こんなときに、ふと思ってしまうのが、以下のようなことではないでしょうか。

①「故郷に帰ろう」と考え始める
②「脱サラしよう」と考え始める
③「資格を取ろう」と考え始める

①故郷に帰るという選択

私は東京生まれなので、実家はあっても〝故郷〟なるものがありません。ですが、地方から来た人のなかには、このような憂き目にあえば、「故郷に帰ろう」と思う方も少なからずいるでしょう。この気持ちは故郷のない私でもよく理解できます。

しかし「故郷に戻って何をするのか」が重要です。安易に帰っても仕事があるわけではありません。また、そこにあなたが理想とする生活や環境があるのかもわかりません。

故郷に帰ることで喜ぶご両親もいると思いますし、そのこと自体は決して否定はしません。無理して現状の苦しい環境に身を置くことで、心身ともに壊れてしまっては意味がありません。そういう意味では決して悪い選択ではありません。しかし、あなたが、ビジネスマンとして生きてきた経験を活かす場が用意されていればよいのですが、40代、50代の働き盛りのビジネスマンがビジョンなく故郷に戻ってしまうのはもったいないと思うのです。

②脱サラするという選択

私の周囲にもたくさんいます。ビジネスマン時代の先輩も、さまざまなジャンルで独立していきました。私は長年、ＩＴ業界で働き、他の業界では働いたことがないので他業界のことはわかりません。ただ、ＩＴ業界は日々、技術が進化し、この技術を追いかけているだけでも大変な世界です。

とくに40代半ばになると、最新の技術をキャッチアップするのも大変になります。環境変化が激しいＩＴ業界に疲れて、まったく畑違いの事業に転身する方もいます。もちろん、ＩＴ業界で独立して成功している方もいます。

しかし、うまくいった方よりも、うまくいかなかった方のほうが多いような気がしています。成功する方とそうでない方の違いがどこにあるのか、正直私にはわかりません。わかりませんが、私なりに感じるのは、「今の環境が嫌だ」という理由だけで独立された場合に、どうにも立ち行かなくなり、以前よりも悪い条件でサラリーマンに逆戻りしている例が多いのではないかということです。成功している方は、独立する前に副業から始めるなど、入念に準備を行なっています。そして、「準備ができるまでは、納得できない環境でも耐え抜く」という強い意志をもっている方のように思います。

事業を立ち上げて独立することは否定しません。素晴らしい選択だと思います。

実は、私自身、サラリーマンをやめて議員になるまでのあいだに、事業を立ち上げた経験があります。だから、脱サラして起業をめざす方の気持ちがわかります。しかし、40代、50代といえば、子どもの進学、住宅ローン、早ければ両親の老後の問題もはじまる頃。相当な覚悟とモチベーション、入念な準備がないと、リスクも大きいとお伝えしたいのです。

③ 資格を取るという選択

私は複数の国家資格も取得しました。しかし、私が持っている資格は独立して生業にできるような「食べていける資格」ではありません。現在の日本では、食べていけるような資格は限られています。ビジネスマン時代の収入を維持できる資格を、と考えると、弁護士、税理士、司法書士、不動産鑑定士、あるいは医師、歯科医師くらいではないでしょうか。

いずれも専門の学校や大学、大学院などで勉強する必要があります。授業料がかかり、また、通っている間の生活費を考えると、働きながら通わなくてはならないかもしれません。しかも、どの資格も難関試験で、時間とお金をかけても受かる保証はない。家族がいて、多くのものを抱える世代にとっては、現実的な選択肢ではないと思います。さらに、資格取得はゴールではなく、スタート。新たな仕事で人間関係、信頼関係を築き、軌道に乗せていかなくてはならないのです。

実際の社会では、こうした資格を取って独立するのは、30代の層が中心です。若い彼らは必死で営業をかけてきます。行動力や野心も持っています。40代、50代は、まだまだ人として枯れてはいないでしょう。知力も体力もあります。若い世代に負けない能力もあります。とはいえ、資格を取るという選択は、ここに食い込んでいく覚悟とモチベーションのある方にしかおすすめできないというのが、私の経験から言えることです。

その2　私もかかった！　もやもや症候群

【もや入り】突然もやもやに襲われる！

私は中年のもやもや症候群になりました。40代の前半で自分が何を目指しているのか、何をしたいのか、まったくわからなくなったのです。また、40代半ばでは、自分のキャリアの将来に自信をなくしていました。いま思えば、かなりの重症であったような気がします。

波乱万丈な私のビジネスマン時代を振り返ってみます。

●成長を続ける業界で飛び回っていた頃

議員になる前は、ＩＴ企業で約20年間働いていました。私が就職したときはＩＴ企業という業種は存在せずに、大枠ではコンピュータ業界と呼ばれていました。Ｆ社に勤務。商品企画及び販売促進プロダクトマーケティングの仕事をしていました。

30歳のときに、外資系のＭ社に転職。アメリカのＯＳを開発する会社で、私の仕事は中小企業にＭ社のシステムを売ることでした。今でこそ、巨大企業に成長し、社名を言えば誰もが知る会社になりましたが、当時はまだ知名度も低く、ほぼ無名な会社だったのです。

このような市場でシステムを売っていくのは厳しいものではありましたが、M社は実績を出すと正当な評価をする会社で、年齢や性別、人種を問わず昇格もできる企業でした。国内、海外を問わず飛び回り、充実したビジネスマン生活を送っていました。仕事が楽しくてしかたがなかった頃です。

●天国と地獄。「今まで何のためにがんばってきたのか……」

30代後半で転職。A通信会社の役員としての職を得ました。しかし、残念ながらA社は敵対的TOB（ライバル会社から株式の公開買い付け）にあい、社長以下役員たちは解任となり、私も会社を去ることになりました。

当時、A通信会社の敵対的TOBは国内最初の敵対的TOB事例で、日経新聞で大きく取りあげられたこともあり、新聞を見た取引会社W社の副社長から私の携帯電話に直接、電話がかかってきたのです。「敵対的TOBをした会社は、われわれにとってもライバルだ。いっしょに戦おう」と、熱い言葉をかけていただき、そのまま私を引き取ってくださいました。

まもなく40歳になる、というときに仕事を失ないかけましたが、W社の副社長のおかげで新天地を用意され、厳しいながらも充実した日々を送り始めました。やがてW社の役員になり、再び経営に携わることになりました。

しかし充実した日々は長くは続かず、ライバル企業との激しい競争の結果、経営は行き詰まり、W社は経営破綻を起こしました。当時のW社の経営破綻は新聞報道でも大きく取り上げられました。今でも私が忘れられないのが、日経新聞の一面です。

W社の経営破綻が日経一面の左側に掲載されて、右側には妻が客室常務員として勤務していたN航空の経営破綻の記事が掲載されていたのです。今まで何のためにがんばってきたのか、心が折れそうな状況ではありましたが、傷心に浸る間もなく、東京地方裁判所管財人が任命され、早々に役員会議で再建計画が発表されました。

会長、社長を筆頭に多くの役員は解任。その一方で、私は管財人の弁護士達から経営再建を行なうための役員として任命されました。再建までの道のりは、簡単には言えないほどつらいものでありましたが、管財人の弁護士の方々の力添えもあり、当時のライバル企業であったS社のスポンサー契約を取り付けて、S社の子会社として再スタートを切ることになりました。

●大人のプータロ一だった頃

この時期は私のビジネスマン人生にとって、一番つらい時期でありました。自分がかつて役員として働いていたA社はS社に統合され、今度は自分もW社と共に統合されていく運命に、「今まで自分は何のために仕事をしていたのか」と自問自答を繰り返す日々が続いたのです。

S社の経営支援により再建の目途も立ち、また、東京地方裁判所との役員任期契約が満了を迎えるタイミングを見計らい、退任させてもらいました。退任したあとは、魂が抜かれたように何もやる気が起きませんでした。当時42歳。

幸いにして、当時のS社の副社長の配慮で役員退職金をいただいたので生活に困ることはありませんでした。昼からゴルフに行き、飲みに行き、だらしない日々を過ごしていました。妻と中学生、小学生の子どもを抱えた大人のプータローの誕生でした。

まさに、このときに考えた選択が、「故郷に帰る」「脱サラする」「資格を取る」だったのです。私は東京出身なので、「故郷に帰る」の選択肢は最初に消えました。次に「資格を取る」は、勉強も苦手であり自信もないため、消しました。残った選択肢は「脱サラする」でした。

このときに起こした事業は成功し、運のよいことに今でも続いています。しかし事業が安定し、失った気力が少しずつ戻ってくると、慣れ親しんだＩＴ業界で働きたくなってきました。家にいる姿を妻や子どもたちに見られているのがつらくて、家を出たくなってきました。以前から交流のあったヘッドハンターに相談すると、すぐに外資系の大手ＩＴ企業の幹部のポジションに転職が決まりました。

ところが社長と馬が合わず、わずか2カ月で退職。そのあとも同じようなポジションで外資系のＩＴ会社に入りましたが、長くは続きませんでした。いま思えば、気力が戻ったように思っていましたが、すべてが消去法思考。この時期がまさにもやもや真っ只中の「もや中」であったと思います。

【もや中】もやもや症候群、真っただ中の振り返り

もやもや症候群におちいると、こんなことを考えるようになります（詳細はｐ16）。

「仕事内容は十分に理解できているが、以前のような高いモチベーションで仕事に取り組めない」「自分を変えてみたいが、今の慣れた環境を変えるほどのリスクは負えない」「まだまだ輝きたいが、今の職場で輝くことが想像できない」……など。

私の場合は、充電期間中に始めた商売が軌道にのっていたので、食べていくには困ることはありませんでした。ただ、始めた商売に誇りと満足感が得られず、軌道に乗ったタイミングで妻に社長を変わってもらいました。自分の働くフィールドは、小さな商売ではなく大きな企業で、最先端のＩＴ事業に携わることだと思い、業界に戻ってみたのです。

しかし、何か冷めた感覚で仕事を要領よくこなしているだけで、感動もなければ、満足感も得られず、こんな時間を過ごして、いったい自分はどうなっていくのだろうかと思い悩んでしまいました。

もうお金のために働きたくない、何か社会に役立つことはできないか、以前のようにまた役に立っていることをダイレクトに感じる仕事はできないのか——、こんなことを考えながら仕事に向かう日々でした。

【もや脱】きっかけは後輩のなにげない一言だった

まずは、何か身近なことで社会に奉仕ができないものかと思い始めたとき、叔父が会員であったロータリークラブを思い出しました。さっそく、クラブの門をたたいて会員の紹介を受け、入会。こうして、小さな会社を経営しながら、ロータリークラブの会員として奉仕に携わる日々を過ごしていました。

一向に晴れない「もやもや」が続く中で、あるとき、昔の部下から飲み会の誘いを受けました。あとから聞いた話では、久しぶりに昔の仲間を集めるために、幹事が何か集まる理由が欲しかったようです。そこで、「鈴木さんが出馬するから集まろうぜ！」と招集されたのだそうです。

そんな冗談話で仲間が参集しているとは知らず、私は神楽坂の居酒屋にいそいそと出かけていきました。すぐに幹事のジョークであったことがわかり、普通の飲み会になりました。しかし、飲み会のなかで、「鈴木さんは議員に向いているよ」、「議員にならないのか」などと皆が言い始めたのです。いま思えば、元部下たちのなにげない一言が、私の転身の、最後のひと押しになったのかもしれません。

●サラリーマンでも議員になれる――⁉

経営破綻を乗り越え、Ｓ社からの支援ももらい、再生（現在はＷ社）の目途が立ったときは本当によかったと思いましたが、この頃から、「事業再生を経験したことを、もしかすると政治に活かせるのではないか」と、思い始めるようになりました。

当時、地方自治体が財政破綻をしたニュースなどもありました。現在の北海道知事の鈴木知事は、財政破綻をした夕張市を立て直した市長でも有名ですね。自分も民間経営者の経験で、自分が住む地域の財政をよくできるなら役立ちたいという気持ちが芽生えてきました。

政治家に多少の興味は沸き始めても、一族に議員などおらず、そもそも、サラリーマンが議員になれるのか不思議に思っていました。しかし､心の中に何か引っかかるものがあったので、大学院時代の友人に神奈川県会議員のＳさんを紹介してもらいました。すると、Ｓさんはサラリーマン出身であることがわかりました。

ただし、よくよく話を聞いてみると、Ｓさんのお父さんも元県会議員で、二代目議員だというのです。やはり、普通のサラリーマンではなれないものなんだなー、と思っていたら、Ｓさんが「議員になるためには政党の公認を受けるのが近道である」と教えてくれました。そして、「選挙はマーケティングだ」と言いだすではありませんか。それは実におもしろい話でした。

このS議員との出会いにより、私は普通のサラリーマンでも議員になれる方法があると理解し、S議員のサポートを受け、本格的な立候補に向けての準備を開始しました。活動をし始めて気づいたときには、もやもや症候群はどこかへ消え去っており、新しいセカンドキャリアに向けて、一生懸命に活動していたのです。

その3　セカンドキャリアのすすめ

早期のキャリアプランを！

人生100年時代になり、20代で働き始めた企業で定年退職まで働き続ける、と想定していた人生設計が難しくなりました。定年退職まで働く予定だったのに、会社の都合でリストラになったり、嫌な仕事を強いられて我慢しながら働いたりと、こういった状況は多くの方が経験されることでしょう。しかし、このような状況になってから起業しようとか、資格を取ろうなどと考えても、遅いのです。「貧すれば鈍する」という言葉がありますが、状況が悪くなってから発想するアイディアやプランはロクなものではありません。

私がお勧めしたいのは、セカンドキャリアという考え方です。一つの企業で定年退職まで働くことは難しい時代になりました。また、45歳を過ぎれば、一部のエグゼクティブ層を除き、中高年は会社にとってのお荷物感が満載です。

そうであれば、いつまでも会社にしがみつくのではなく、自ら仕事人生を前半と後半に二分割しませんか、という提案です。前半を今の仕事だと考えると、後半の仕事をセカンドキャリアと位置付け、セカンドキャリアの検討や下調べを行ない、余裕のある準備を始めるのです。

ひと昔前の世代の考え方は、

「20代前半で企業に入社して、60歳まで40年弱、一つないしは二つの会社で勤め上げ、60歳から年金で悠々自適なアクティブシニアとして楽しく過ごす」

というのが王道のライフプランであったと思います。

しかし、年金問題や就労労働人口の減少により、国が60歳で勇退して年金生活を許してくれる状況ではなくなりました。年金受給の年齢は引き上がり、引退は先延ばしになりました。

会社、雇用、年金と私たちを取り巻く環境は以前と異なり大きく変わったのですから、この環境下で生きていくには、私たちも変わらなくてはならないのです。

定年がなく、やりがいのある仕事

では、どのように変わるのかということを、これからご説明しますね。ズバリ、20代から50歳前後までの25年くらいの会社員人生を前半、50歳前後から75歳前後までを後半と設定するのです。

最初の25年は会社に属して働きます。このくらいまでの年齢であれば、会社にとってもお荷物ではありませんし、会社も従業員もWin-Winの関係です。そして、50歳前後から75歳くらいまではまったく違う世界、新しいキャリアに挑戦するのです。そのための準備を、思い立った今から行動すれば、あなたの人生後半、「セカンドキャリア」は充実したものになることは間違いありません。

ここまで読んで、「なんだ、75歳まで働くのかよ」と、ガッカリした方もいるのではないでしょうか。しかし、年金受給開始年齢を70歳まで引き上げようとする案まで出てきている今、この提案は現実味を帯びた話です。

今の状況であなたが行動に移さなければ、60歳で定年を迎えて、65歳まで雇用延長して新入社員なみの給与で働き、65歳からはアルバイトしながら年金生活を送ることになります。75歳まで10年アルバイトをして過ごすことになるのです。

人生１００年と考えると、定年後からの生活は意外と長い時間です。こんな時代ですから、国も年金を何十年も支払うほどの体力はありません。せいぜい、定年後20年程度の設計です。人生80年時代で設計されたシステムを期待していても、あなたには何も与えられないでしょう。

では実際、75歳まで働けるような職業なんてあるのでしょうか。実はあるのです。それが「議員」という職業なのです。

第2章
セカンドキャリアに議員という選択肢

「故郷に帰る」「独立して脱サラ」「資格を取る」。40代、50代がモヤモヤ症にかかったときに、考えるであろうパターンのリスクについては先述しました（↓19ページ〜）。

私は皆さんに「議員になる」という選択肢を強くお勧めしたい。その理由と思いをこれからご説明したいと思います。

その1　なぜ議員という職業をすすめるのか

定年があり、人事評価に、ややもやもやが伴う企業人生

人生100年時代といわれていますが、現在の雇用環境では60歳が一つの退職年齢の目安です。もちろん、65歳まで働ける企業も増えてきています。しかし、60歳から65歳までは「年金支給までの期間を雇用延長しましょう」というもので、決して同じ条件で働けるわけではありません。競争が激しい現代においては、実際の定年年齢は、もっと若い50代の役職定年が、現実的な「本当の定年」なのかもしれません。

ご存じかと思いますが、役職定年とは、役職も給与も変わり、雇用する条件が変わることです。

大手の企業は50歳からスタートするところが多いようです。管理職だった人は名前だけ、課長から担当課長、部長から担当部長と不思議な役職が与えられて、ピープル・マネジメント（人を管理する管理的な役職）ではなくなり、シングル・コントリビューター（部下なしのスペシャリスト）になります。

給与も管理職時代より格段に下がり、昔の部下たちの組織に加わり働くことになります。このような状況でも、モチベーションを維持していければ問題ないと思います。しかし、多くの方は、条件と環境が突然、変化して落胆してしまうからこそ、中年の「もやもや症」に襲われるのではないでしょうか。

「今まで会社のために頑張ってきたのに、屈辱的な人事を受け入れなければならない」、「なぜ、同期のあいつは役員になって定年が無くなり、能力の高い俺は担当部長になるのか」など、あらぬ感情が生まれて、ついにはもやもやし始めるのです。これが「もや入り」です。

定年がなく、人事評価もフェアな議員の世界

一方で、議員という世界は定年がありません。一般企業で、40代はある程度のポジションになっていないとリストラ対象です。45歳が一つの節目です。ところが、政界で40代というのは

若手です。

私が働く東村山市の議員平均年齢は約60歳です。私が議員になったのが49歳で、現在51歳ですが、９歳も平均年齢より若いのです。もちろん、自治体によって違いはあるかと思います。しかし、70代の議員などは私の周囲にたくさんいます。私よりも二回りも年上の方が、生き生きと働く世界なのです。

70代の先輩議員を見ていると、好きなことで生活しているので肌つやもよく、若々しい感じです。普通の70代と比べると驚くほど若いのです。私もビジネスマン時代には、60歳になり雇用延長で働く先輩たちをたくさん見てきました。しかし、そんな60代のビジネスマンより、70代の議員のほうが元気で若々しいイメージがあります。

議員の世界では当選する限り定年はないのです。あるとしたら、「次の選挙には出ない」と自分が決めたときが定年です。また、会社とは違い、評価するのは市民です。ちゃんと仕事を頑張っていれば市民はあなたに投票します。

逆に落選したときは、市民から評価されていないので人事が明確です。会社のように数名の特定の人物に評価されるようなブラックボックスではありません。市民がオープンにあなたを評価するので、フェアな評価です。一言で言うならば、「定年がなく、人事評価がフェアな世界」、それが議員の世界なのです。

経験と蓄積がものをいう世界

一般企業は技術の進歩が速く、最新の技術や方法に追いついていくのは大変なことです。数年前のやり方がすぐに陳腐化します。そのために、営業であれば、毎年、自社製品のセールストレーニングや、最新のプレゼン能力を磨く研修を受けたり、技術者であれば、定期的に技術研修を受けたりと、追いついていくための努力は欠かせません。この要求に対応できない社員は会社的に余剰人員となります。余剰な人員を抱えるほどの余裕は今の企業にはないのです。

一方で、議員の世界は法律や条例に関わる問題が多く、日進月歩で知識が変わることは、そうそうありません。議会で発言していくには、社会保障制度、医療・教育・福祉・産業・まちづくり・税制、雇用など、多岐に渡り勉強する必要がありますし、過去からの経緯を学ぶ必要もあります。個人差はあるものの、すべてを一通り理解するには、12年はかかると思います。

12年と言ったのには意味があります。議員の任期は4年で、4年ごとに選挙があります。選挙に当選するごとに期数が増えます。議員の世界では「何期め？」と聞かれることがよくあります。１期が4年なので3期務めた方は12年です。この世界では、「3期12年」が節目のようにいわれています。

議員の世界では、３期務めると辞めるか、次のステージにポジションを変える（市議であれば都道府県議に挑戦する、都道府県議であれば国会議員に挑戦する）かを選択するのが通例です。もちろん、何期も同じステージでやる方もいますし、3期を待たずに次の挑戦をされる議員もたくさんいます。

ここで3期が節目になっているのには大きな意味があります。4、5年では議員としての仕事をすべて理解することができないからです。日々、勉強しながら10年、12年務めて初めて理解できることがたくさんあるのです。「仕事内容をきちんと理解できて、議員として一定の役割を終えたら次のステージを変えなさい」ということ、それが3期12年なのだと私は理解しています。

議員の世界は、民間企業のように日進月歩の世界ではありません。多岐にわたる地方自治を勉強し、実践して経験を積み上げていき、期数が増えることが信頼につながる世界なのです。ある意味、民間で働くビジネスマンとは真逆の方向。過去を知っていること、それ自体が議員にとっては大変な強みです。経験も強みです。時間と経験を味方につけられる職業なのです。

「よい忙しさ」とは

議員にキャリアチェンジをした今になって、あらためて思いますが、ビジネスマンの世界は本当に忙しいと思います。昔、M社に勤めていたとき、上司に「鈴木は忙しいようだが、よい忙しさか、わるい忙しさなのか、どちらだ？」と、尋ねられたことがあります。30歳過ぎの若い私には、言っている意味が理解できませんでした。

上司が教えてくれたのですが、「わるい忙しさ」の定義は、「自分でコントロールできない忙しさである」ということでした。もう少し具体的に言いますと、「誰かから指示をされて、やりたい、やりたくないは関係なく遂行するタスクがたくさんあること」だと言われました。

一方で、「よい忙しさ」とは、「自分でコントロールできる忙しさ」だと言われました。自分がやりたいから始めた仕事で、何をやるべきか、どうしたいのか、自分でコントロールしてプロアクティブに活動する忙しさだということです。

私は、今でもこの素晴らしい言葉を教えてくれた上司には感謝していますし、重要な時間的観念だと思います。

皆さんも日々、忙しくされていると思いますが、それは「よい忙しさ」ですか、それとも「わるい忙しさ」ですか。

私は今の自分はよい意味で忙しいと自信を持って言えます。そもそも議員は、市民に対して何をやりたいかの公約を伝えて、市民の信託を受けて議会で発言しています。

やりたいことを実現するために、市民から選ばれて遂行するのですから、おもしろいに決まっています。当然、やりたいことがたくさんあれば忙しくなります。しかし、その忙しさは誰かに指示された忙しさではなく、自分がやりたいことを実現する「よい忙しさ」なのです。

また、議員の活動自体が、あなたに投票してくれた有権者の期待に応えることになります。小さなことでも実現すれば、直接市民から感謝もされますし、褒めてももらえます。自分のやっていることがダイレクトに伝わる職業なのです。

議員はサラリーマンのように9時に出社して5時に帰るという時間管理はされていません。逆に言うと、土曜日や日曜日が休みなわけでもありません。基本的な義務は議会が開催されたときに登庁することと、公務が入ったときに登庁する程度です。年間にすれば、およそ120日程度です。逆にそれ以外の時間は、議員個人がどのように過ごすかは自由なのです。

議員としての勉強をするために、研修や勉強会に時間を費やす方もいます。会社経営をしている方は、会社経営に時間を費やします。地域のイベントやお祭りなどに参加して、市民の皆さんと触れ合うことに時間を使う議員もいます。政務調査で他の自治体の調査や研究に時間を費やす方もいます。

どこまでやるかは議員次第ですが、すべてをやろうと思うと、時間など足りないのです。自分が「何をやりたいのか」によって時間の使い方も変わります。このように、自分で時間をコントロールできるのが議員のおもしろさだと思います。

興味のある分野に自分の時間を費やすことができる

私の場合は、企業の経営者だったこともあり、法人向けの政策には力を入れています。中小企業ですが、今も会社を経営しています。さすがに議員になってからは、社長は妻にゆずり、一取締役ですが、月次決算など、税理士事務所との会議に参加したり、銀行とのミーティングがあるときは会社に行ったりしています。

なぜ、議員になっても会社経営を続けているのかというと、自分が中小企業の経営者に身を置かなくては、中業企業オーナーの気持ちなどわからないからです。現場の仕事に携わることで経営者仲間もできて、政治に何が求められているのか、をリアルに知ることができます。

新人ではありますが、どの議員よりも中小企業経営者の気持ちは理解している自負がありま す。また法人の課題や政策も勉強しています。働くことを通じて日々勉強し、現場で学んだことや気づいたことを政策立案に活かしているのです。

民間企業で会社経営に携わっていると、民間の財務と官公庁の財務の違いに驚かされます。どちらがよいとか正しいというのではなく、勉強するといろいろな発見があるのです。私は官公庁の財政に興味があり、議員研修でも財政に関するものは積極的に参加しています。

企業に勤めていると、好きだから勉強するのではなく、与えられた仕事に必要な知識を補うために勉強するのでプロアクティブではありません。議員生活では、自分の好きなこと、興味のあることを自分のペースでやれるので、本当に充実した日々が過ごせています。

昨今のニュースを見ていると、心ない議員の不正や不祥事により、「議員とはとんでもない奴らだ！」と思われている方もいるのではないでしょうか。政治不信から、議員に対して腹立たしい思いをお持ちの方もいると思います。

しかし、私が地方議員になってわかったことは、議員の皆さんは、総じて真面目で正義感あふれる方が多い、ということです。この本を読み進めていただくと、そのことがおわかりいただけるはずです。

議場はプロレスのリング？

私が議員になって、初めて議場に入り、各議員のやり取りを聞いていたときのことです。激しい口論やヤジ、罵声が次々と飛び交い、大変驚きました。ビジネスマン時代にも会議には何度も出ています。皆さん、心では何を思っているのかはわかりませんが、少なくとも人の話は黙って聞いていました。意見が違うからといって怒鳴る人はいません。やり方がおかしいとヤジを飛ばす人もいません。

しかし、議場では当たり前のようにヤジや罵声が飛び交っています。議員同士が議場で激しく口論するので、議場を出たら取っ組み合いにでもなりそうですが、議場を出ると口論していた当人同士はあっけらかんとして笑顔で普通に会話しているのです。ビジネスマンとして長年働いていた私にとって、ひっくり返りそうなほど衝撃的な光景でした。

議員は地域の代表です。代表者として意見を述べており、個人的な感情はないのです。激しい口論をしながらも、それぞれの立場でやるべき仕事をしているのだと、お互いにわかっており、認め合っているのです。意見の違いについては攻撃したり、激しくぶつかったりしますが、個人の好き嫌いとは別ものと考えられるのでしょう。

私は新人ですのでまだ免疫がなく、激しい口論になると、どうしても相手に嫌悪感をもってしまうことがあります。しかし、少しずつ環境に慣れてくれば、相手と意見がぶつかっても、感情とは切り離すことができるようになるかな、と思います。

リングを下りたらノーサイド！

私はこういった議員の世界が非常に健全だと思っています。議員たちは多少の差異はありますが、議論をおそれることはありませんし、激しい口論を気にもしません。そして、性格的にも共通点が多いように思います。個人的な意見ですが、たとえば次のようなことです。

・前向きな人が多い

　多少の壁があっても、失敗してもすぐに気持ちを切り替え、前に進む。

・ぶつかることを恐れない

　意見が違うのは当たり前。議論するのが大好き。

・気持ちの切り替えが早い

　やることが多岐に渡るので、気持ちの切り替えが早くなる能力が身についている。

・行動が早い

　考えるよりもまずは動いて考えるタイプが多く、評論家タイプを嫌う。

・言いたいことは言う

　瞬間湯沸かし器タイプが多い。

　おとなしく見えても、納得がいかないと意見を言う人が多い。

・正義感が強い

　おかしいと思うと、徹底的に意見したり、行動したりする人が多い。

・目立ちたがり屋で、根拠のない自信を持っている

　自分大好きな人が多い。それが証拠に町中に自分の顔写真を出している。

・誰かの役に立ちたいという気持ちが人一倍強い

感謝されることに人一倍喜びを感じている。

・無茶を無茶とは思わない

独自の基準があるので、自己責任で判断する。

・怖くて優しい

琴線に触れると意見を言うが、心根は優しい方が多い。

・おせっかい

困っている人や問題が起きていると関わろうとする。

・よくしゃべる

口から生まれたような人が多い。

・声が大きい

ひそひそ話が苦手。

・論理的なようで感情的

話を論理的に進めているが、最後は浪花節思考の方が多い。

共通点が多いというのは、当たり前といえば当たり前かもしれません。議員は市民に選ばれていますので、選ばれやすい性格が最終的に残っているのだと思います。要するに、このように似たような性格の人々が集まって議論し、結果的に激しく口論しても気持ちの切り替えが早いので、変な方向には力が向かないのだと思います。

一方、一般企業では面接を受けて入社していますが、多様性を重んじるので、さまざまな考え方や性格の人が集まっています。よって会議で意見がぶつかるようなことがあれば、根にもつ方もいる。なかには深く傷つく方もいると思います。そうなると、違う方向に負の力が働いてしまうこともあります。

ちなみに、私が議員の共通点のすべてにあてはまるかといえば、あてはまる部分とあてはまらない部分があります。しかし、朱に染まれば赤くなる、ではありませんが、そのうち少しずつ似てくるのかなあと思っています。

こんなに応援してもらえる職業はない！

話を戻すと、議員も地域、組織の代表なので、支援者を背負った意見では、激しく口論したり、意見を戦わせたりすることもあります。それは、決して自分のためではなく、支援者のために全力で戦うのです。このような姿勢は、市民から理解を得られますし、市民も議会広報などを通じて議員が地域のためにどのような意見を述べているのかを知ることができます。

最近ですと、インターネット放送で議会を生中継する自治体が増えているので、市民の皆さんは議場の傍聴席に来なくても、内容をＴＶやパソコンで見られるのです。私も、実際に「放送を見たよ」、「すばらしい提案をしていましたね」とか、「鈴木さんの言ってくれた意見は大賛成で投票してよかった」などと、街で声をかけてもらったことがあります。そういうときには涙が出そうなくらいにうれしく、皆さんのためにがんばろうと思えるのです。

もちろん、市民の方から厳しい意見を受けることもあります。しかし、「応援しています」、「頑張ってください」と、日々の生活でこんなに多くの応援をもらえる職業はないと思います。

議員も、地域のために活動しようとなると、会派や派閥も関係なく、ワンチームとして働きます。私も頭が下がるほど、皆さん、地域のために動きます。また日々、勉強もしています。こういう真面目な部分は市民もきちんと見ており、一部、議員の制度や待遇に対する賛否などはありますが、おおむね皆さんから尊敬される職業だと思っています。

その2　なぜビジネスマンが議員に向いているのか

組織人として協調性が身についている

皆さんはこれまで、仕事でどのような経験をされてきているでしょうか。おそらく、組織のなかで先輩、上司、後輩、部下と協調しながら、組織人として働かれてきたことでしょう。こんな質問をすると、「組織でうまくコミュニケーションをするのは当たり前だろ」と思われる方もいるかと思います。

しかし、当たり前の世界でないのが、議員の世界なのです。もちろん、議員に協調性がないとは言いません。しかし、協調しなくても仕事ができるのが議員の世界なのです。議員が一国一城の主といわれる所以ですが、議員にとって大切なのは、議員仲間ではありません。また仕事をする行政官たちでもありません。有権者です。

議員の発言が一般市民よりも影響力があるのは、市民から選ばれた代表者だからです。よって、仲間の議員とけんかをしても、行政側とけんかをしても、有権者から支持をされている限り発言権を得られるのです。誤解されては困るのですが、けんかすることを肯定しているのではありません。このような仕組みになっているので、議員は協調すること自体を主眼に置いていない人が多いのです。目的のために派閥をつくるようなことはしますが、協調とは別物です。

とはいえ、時代は変わりつつあります。議員も何かを成し遂げるには、執行していく機関である行政官との円滑なコミュニケーションが求められます。また、派閥が違っていても、協調することで大きなことが成し遂げられることもあります。

長年、組織で働いてきた皆さんは、何かを成し遂げるため、関係者と協調しながら仕事を進めることに慣れていると思います。組織で育った皆さんには、根っこに協調性があるので、議員になったあともよい仕事ができると思います。周囲の議員を見ていても、協調性がある方は、長年ビジネスマンをやっていた方が多い気がします。組織で揉まれてきたんだなあ、と思います。

ビジネスマンの気持ちが理解できる

議員の生活は普通のビジネスマンの生活とは違います。前述したとおり、議員が義務として行なう仕事は、議会への登庁が中心です。年４回の定例議会と公務を合わせて、約１２０日程度です。もちろん、それ以外は完全な休みなのかというと、そうではありません。

議員は自由時間も多いのですが、つきあいも多いのです。さまざまな政治活動があり、意外と忙しくて、最初は驚かれるかと思います。ただし、通常のビジネスマンのような、毎日の通勤はありません。議員も電車には乗りますが、一般のビジネスマンに比べると圧倒的に乗る機会が少ないのです。

こんな些細な違いですが、積み重なっていくと、最終的に日常の感覚の違いにまで発展します。私もビジネスマン時代は、毎朝、人混みにもまれて会社まで通勤していました。満員電車に乗りながら、「乗車率１００％まで下がれば、人間らしい通勤ができるだろうな～」などとバカなことを考えていました。

満員電車で通勤するビジネスマンにとっては、公共交通機関の混雑緩和は重要なテーマですが、満員電車に乗ったことのない議員もたくさんいます。このような議員に、いくら公共交通の政策を訴えていてもピンとこないでしょう。

これは、ほんの一例ですが、生活スタイルがビジネスマンと違う議員たちにとって、皆さんの生活スタイルは、頭で理解できても、気持ちまではわからないのです。給与天引きの日本では納税意識は強くないですが、税金を一番納めているのはビジネスマンです。

だから、本来なら、一番税金を納めているビジネスマンの要望が政策として叫ばれてもよいはずです。しかし、ビジネスマンを経験した議員ばかりではありません。日本の経済を支えているビジネスマンが議員に転身することで、ビジネスマンたちが何を考え、どういう日本になってほしいと思っているか、その生の声を政治の世界に伝えることができるのです。

タスク管理やプロジェクトに慣れている

先ほど、ビジネスマンは組織、チームで働くことに慣れており、協調性もあると述べました。私が議員になって驚くのは、仕事のやり方が非効率であるということです。さまざまなしきたりや作法のようなものが多く、長年、この環境で慣れたベテラン議員は、非効率や無駄にも気がついていません。

ビジネスマンとして働いてきた皆さんは、ミーティング一つとっても、アジェンダやミーティングゴールを設定して効率よく進めていけるでしょう。このようにビジネスで当たり前にやっている民間手法は、行政側の参考になるので行政官も興味を持ってくれます。

説明がうまい

なんとなく、「議員は弁が立つ」というイメージがありませんか。しかし実際のところ、地方議員は、あなたが思っているほどプレゼンがうまくありません。ＴＶに映る国会議員に比べれば、弁が立つとは言い難いと思います。

もちろん、人によりけりであることは間違いありません。しかし、議員の場合、議会での発言は事前通告を行なうので、原稿を読み上げることが多く、アドリブのようなものはありません。行政側に質問するほうが中心です。突然のアドリブや突然の発言はあまりないのです。

しかし、ビジネスマンの皆さんは長年、上司やお客様からの突然の質問に臨機応変に回答し応えてきたと思います。知らず知らずのうちに説明がうまくなっているのです。事前通告のルールは変わらないので、議場で好き勝手にはしゃべれませんが、プレゼンに慣れている皆さんなら、わかりやすい質問や提案ができるはずです。ビジネスマンの経験が議場でも強みになります。

調査能力に優れている

ビジネスマン時代は、何か資料をつくるうえで調査をするのは当たり前のことですね。調査の方法や資料のまとめ方などは、鍛え上げられています。残念ながら、調査に時間をかけている議員は少ない気がしています。議会や議案だけに時間を割けず、支援者への対応や議員以外の政治家としての仕事で時間が取れないなど、考えられる理由はさまざまです。

しかし、ビジネスマンならば、日々、いくつものプレゼン資料をつくっている、という方も多くいるのではないでしょうか。ＩＴを利活用して短時間で調査し、まとめ上げる力は、皆さんのほうが圧倒的に得意だと思います。

ビジネスマン時代の経験が役立つ

企業で当たり前になっていることが、行政では当たり前になっていない、ということがたくさんあります。皆さんがビジネスで当たり前に経験してきたことを提案するだけでも、議会でのネタに困ることはないのです。

あなたが、建設業界で働いていたなら、まちづくりに関する資料を細かく見ることができます。あなたが経理出身であれば、行政の財務を細かく見ることができます。あなたがマーケティング部門で働いてきたなら、行政のプロモーションのやり方に関して、よりよい提案ができるのではないでしょうか。

あなたがビジネスマンとして経験を積んできたこと、一つひとつが議員になってからの大きな財産になるのです。議員しか経験していない人、政治の世界だけしか知らない議員よりも、はるかに奥行きがある議員になれます。

ＩＴリテラシーが高い

これも驚かれるかもしれませんが、議員のＩＴリテラシーは腰を抜かすほど低いです。ビジネススキルに差があるので、ビジネスマンが議員になれても議員はビジネスマンにはなれないと思うほどです。もし、入社してもパソコンの操作一つ満足にできないのであれば、サラリーマンとして仕事になりませんよね。

私の所属する議会では、２０１９年まで議場にパソコンを持ち込むこと自体、禁止されていました。今でもパソコンを持ち込めないような議会は全国で多く存在するのではないでしょうか。皆さんが普通にパソコンを使って仕事をしていたこと、それ自体が、この世界ではすごいことなのです。

ビジネスマン出身の皆さんが、議員になったときに有利になる点はまだまだありますが、議員にキャリアチェンジして活躍できることは間違いないでしょう。

出身地に戻って議員という選択肢も

故郷に戻って喜ぶ人がいるなら、故郷に戻るのもよいと述べましたが、故郷＝出身地に戻って議員をするというハイブリット型の選択肢もあると思います。40代、50代の働き盛りの男性が、ビジョンなく出身地の実家に引っ込んでしまうのはもったいないのです。家業を継ぐのもよい選択ですし、出身地で起業するのもよい選択です。そこに選択肢の一つとして、出身地に戻って議員を目指す、という方法もあるのです。

大学進学や就職で、東京や大阪のような大都市に出てきた方は多いと思います。私は東京生まれなので実感としてわからないのですが、東京や大阪など大都市の大学に進学したり、就職すると、地元で一目置かれたり、地元のヒーロー扱いされると聞いたことがあります。

もしそうであれば、選挙では他の候補者よりも目立つということがとても重要なので、これは大きな武器になります。東京や大阪などで企業戦士として培ってきた経験が、地方活性化の役に立つかもしれません。

自分の生まれ育った地域が衰退している状況を何とか変えたいとか、自分の生まれ故郷のために働きたいというのは、議員を目指す上で重要な志です。都会に少し疲れてしまって、故郷に戻ることを考えているあなたには、出身地で議員になるという選択肢もおすすめします。

第3章
議員という仕事について

その１　議員は誰にでもなれる

上場企業の役員数、知っていますか

おもしろいデータがあります。

日本の東証一部上場企業は２２００社です。東証二部やジャスダック、ヘラクレスなどすべての市場を合わせると、上場企業の数は３７００社。つまり、日本には上場企業の社長が３７００人いるということです。そして、一部上場企業の取締役の数は約1万９０００人です。東証二部やジャスダック、ヘラクレスなどを含めると、取締役は4万１０００人います。

一方、日本には市区町村が１７００あります。市長や区長、町長、村長など、いわゆる首長は、日本全国で１７００人です。そして、３万２０００人の市区町村議員がおり、これに国会議員の数７１３人を足した数が日本の「議員」の総数です。

この数を見て、あなたはどのように感じましたか。「上場企業の社長の数って意外と多いなあ」ですか。もしくは、「上場企業の取締役数は多いな」でしょうか。総数は確かに多いのですが、比率で考えると、とても少ないのです。

日本の企業数は３８０万社ありますので、上場企業は全企業の0.1％。この0.1％の企業の取締

役数が４万１０００人なのです。日本の労働人口は６６００万人なので、総数が大きく見えても割合では非常に小さいことがわかると思います。

上場企業の役員になるのは大変！

つまり、日本の上場企業の取締役になる人たちは、わずか0.1％しか存在しない上場企業に入社して、厳しい競争に勝ち抜き、優秀な成果を出して、人事から評価を受けてきた人たちです。本当に大変な世界です。

企業によって人事評価は違うと思いますが、単純に仕事ができるだけでは役員になることはできません。よくいわれることですが、課長までは優秀であればなれる、部長になるためには人望がなくてはなれない、さらに役員はビジョンがなくてはなれない、といわれます。

つまり、仕事ができて優秀なのは当たり前で、さらに人からの人望があり、くわえて会社をどうしたいのかの明確なビジョンをもった選ばれし人が、役員になっていくのです。

そもそも、上場企業に入ること自体も大変です。優秀な学校を卒業、もしくは特別な資格や特技など、秀でた能力をもつ人々が、人事の面接や試験を突破して入社し、入社後も常に成績で評価されて実績を残し続けることを要求されます。そのような方が仕事を１２０％こなしながらも、上司や仲間と飲みニケーションで自腹を切って自分の時間も犠牲にして働きます。

忙しい合間に、英語の勉強や専門的な知識を身につけ、会社の研修にも参加して真面目に課題に取り組みます。これだけがんばって、ようやく選ばれた人に課長の昇格試験を受ける権利が与えられるのです。

会社の昇格試験は役所のようなペーパー試験ではありませんし、決して公平ではありません。昇格を認められるには、面接をする役員たちから物言いが出ないような心象をもたれることが重要で、日々、360度、評価を意識しなければなりません。企業によって評価や昇格の仕方に多少の差はあると思いますが、そもそも上場会社に入社することだけでも大変な上、そのあと課長になること自体、ハードルが高いのです。

地方議員のハードルは高い？　低い？

では、議員の場合はどうでしょうか。数字だけ見れば、議員数は上場会社の役員数よりも少なく、数字だけで判断すると狭き道のように思われると思います。しかし、安心してください。倍率がまったく違うのです。2019年では57万人が大学を卒業して就職をしました。高卒も含めると数はもっと増加します。一部上場企業の採用数などわずかな数です。大卒だけでも上場企業に入社できる倍率など、とんでもないくらいに難関です。

今度は市議会議員の数字を詳しく見てみましょう。私が議員をやっている東村山市は昔から比較的、競争が厳しい選挙区で、25名の議席に対して30名以上が立候補するので、勝ち抜くのは結構、大変です。えっ、倍率は2倍もないの!?　と、驚かれましたか。そうなのです。激戦といわれる地域でも2倍以下です。

東村山市はこれでも近隣市と比較すると立候補者数が多く、激戦区です。しかし東村山市よりも、もう少しだけ郊外の西側の市になると、落選する人は、1人か2人です。年によっては定数数しか立候補しないので、無投票で全員当選という年もあったくらいです。

概していえるのは、ある程度の人口を抱えて、都市部に近い市での選挙は激戦です。しかし、人口が10万人以下の郊外の市であれば、それほど倍率は高くありません。

ただし、勘違いをされるといけないので、この倍率の裏に隠されている意味をご説明します。

議員選挙は椅子取りゲームに似ているといいます。しかも、椅子はたくさんあるように見えて、本当は下位当選の議員に残された椅子はほんの数個です。仮に20議席があるとすると、通常は議席の入れ替わりは10%程度です。つまり2議席程度です。20名の議席に対して候補者が現職20名の新人2名の合計22名だとすると、1.1倍しかありません。しかし実際は2議席に対して新人が2名なので、現職下位当選2名＋新人2名の合計4名で2議席を争うことになり、実際は2倍の競争率になります。

選挙区によっては毎回入れ替わりがない議会もありますので、このような場所は新人の皆さんにとっては可能性がある地域だといえます。これも概して、郊外で人口が10万人以下の市であればたくさん存在します。ご自身で確認されることをおすすめします。

つまり、実質倍率で考えると議員の選挙は思っているほど簡単ではありません。私は縁あって上場企業の役員を経験し、今は市議会議員です。両方を経験した私の感覚では、上場企業の社員になり、さらに役員になることは計り知れないほど難関で大変なことです。そもそも昇格の評価もグレーな部分があります。また、数字だけでない部分も多く、自分の努力だけではどうしようもない部分が多くあると感じます。

一方で、議員は数字だけで当落が決まります。また、選挙管理員会が監視するのでルールも明確で非常にフェアです。自分の努力のみで勝敗が決まり、わかりやすくてシンプルな評価です。さらに、上場会社の幹部になれる可能性と議員になれる可能性を数字で比較しましたが、圧倒的に議員になるほうが現実的な選択です。

上場会社の役員や部長、課長になる難易度と比べる以前に、上場企業に入社することそれ自体よりも、議員になることはハードルが低いのです。そうすると、「実際に議員になっている人たちは、いったい、どのような経歴なのか?」と、疑問に思われることでしょう。たとえば、民間の上場企業で課長になられている方の学歴や経歴のほうが、はるかに華やかです。

地方議員はどんな経歴が多いのか

繰り返しになりますが、議員というとハードルが高いように思われがちですが、決してそんなことはありません。

まず、議員になるには学歴はあまり重要ではありません。私がいる東村山市議会においては、25人中、「大学卒」と「高校や専門学校卒」は約半々です。

また、議員というとハイスペックな経歴の持ち主なのでは、と思われるかもしれません。地方議員ではこれもあまり関係がありません。実際に東村山市議会では、大手企業や公官庁の勤務経験がある方は5名前後です。逆に、議員一族出身のほうが多く、その数はそれ以上です。

数字からも明らかなように、議員になるには学歴や経歴はあまり重要ではないのです。

それよりも、あなたがやりたいことが市民に共感を得られること、また、やりたいことが市民の耳に届くことのほうが重要です。つまり、市民のニーズに合った政策が、市民の耳に、手に、きちんと届けられることで当選することができるのです。

あなたが、ビジネスマンとして働いてきたこと、それ自体が立派な経歴です。その経験を市政でどのように役立てることができるのかをマーケティングすればよいのです。

議員にも求められるニーズ志向

企業でのマーケティングで重要な概念として、シーズ志向とニーズ志向があります。シーズ志向とは、企業がこういう商品をつくれば、消費者は買ってくれるだろうと企業側で商品を企画して市場に投入する方法です。

一方のニーズ志向とは、消費者にどんな商品が求められているのか、調査やアンケートを行ない、消費者が欲しいものをつくるやり方です。

モノが少なかった昔は、シーズ志向で企業は商品を出していたと思います。しかし、昨今のようなサービスやモノ余り時代には企業はニーズ志向で商品サービスを供給しています。ダメな企業は消費者のニーズを無視して自社でつくりたいものをつくってしまい、その結果、大量の不良在庫を抱えてしまいます。これは選挙でも同じです。自分がやりたいことと市民のニーズがしっかりと合致しているのかを確認する作業が重要なのです。

その２　議員の生活

議会への出席＝議員の本務（４カ月間）

議員の仕事として一番大切な、公務についてお話しします。市議会議員の場合、定例議会というのが年間で４回開催されます。開催期間は約１カ月で、３月、６月、９月、12月に行なわれます。４カ月、単純にいえば、１年の内、３分の１が議会への出席です。

これに加えて、所属する委員会への出席と議長の命令による議員派遣（議員研修・式典出席など）の公務が年間で数十日あります。極論をいえば、この定例議会と委員会に出席して公務に参加すれば、それ以外の時間は制約を受けません。しかしもちろん、年間の半分以上を休んでいるわけではないんですよ。この時間をどのように使うかは議員にまかされており、議員としての仕事ぶりに大きく関わってきます。

このとき、議員が無所属なのか、政党所属なのかによっても時間の使い方は異なってきます。時間の制約がまったく違う。議員の日々の生活は、所属する政党によって色どりが変わってくるのです。

政党所属議員の活動（その1：4カ月間）

政党には、党本部と都道府県に支部という政党の支社のようなものがあります。地方議員は都道府県の支部に所属し、支部単位で活動します。どのような活動をするかというと、いわゆる政治活動です。

議員活動と政治活動はまったく異なります。議員活動は、議会という場で地方行政の一翼を担っています。つまり、市民の生活のために働く活動です。一方で、政治活動は所属する政党のために働きます。もちろん、政治活動も地域や暮らしに関わる活動ではありますが、議員活動よりは市民生活との直接的な関係性は薄まると思います。

まず、政党所属の議員は、支部や都道府県連から政党支援者を集めることがミッションとして与えられます。日常の活動を通して支援者を集め、支部や都道府県連に報告するのです。また、選挙においては、各級選挙（市区町村選挙、衆議院選挙、参議院議員選挙、市長、区長、知事選挙など）が行なわれる際に応援演説などに駆けつけます。

そして、政党の広報誌の配布や政党のポスター貼りなど、所属する政党からの指示に従った活動を行ないます。この頻度や量については政党によって異なります。この政党活動は年間の活動の中で2カ月程度を占めています。年によって違いますし、政党におけるポジションによっても異なります。

政党に所属する議員は、所属政党に何らかの義務的な時間を捧げる必要があります。もちろん、無所属の方には時間がたくさんある、という意味ではありません。無所属の方も政党所属の方も、個人の政治活動には必ず時間を割きます。地域の活動やイベントに出席したり、支援者回りや会合に出席したりするのです。

私の場合は、民間企業出身であるために企業で働く方からの支援が多いので、このような会合や勉強会、イベントに頻繁に参加しています。このような時間に、1年のうち、２カ月分くらい割いています。

ここまでで、12カ月中、８カ月を公務や政治活動に費やしていることになります。通常の企業では年間の休日が１２０日程度なので、残り4カ月は休日だな、と思われたかもしれません。一般的なサラリーマンであれば、労働基準法により、休日や祭日は休むことができますが、議員に休日という概念はないのです。イベントや式典は、むしろ土曜日、日曜日、休日に行なうことが多く、一般の方が休む日に働くことが多くあります。

というわけで、これでやることがすべてかといいますと、まだまだ続きます。

政党所属議員の活動（その２：１カ月＋∞）

現職の議員は自分の後援会や一定の組織をもっています。議会が終わると、支援者の方に議会報告書を作成して郵送したり、直接会って報告したりします。また議会が終わると、公民館などを借りて議会報告会を行ないます。議会報告書の作成や、政務報告会を企画、準備は年間で4回、計1カ月は費やします。ここですでに9カ月で、サラリーマンの労働時間を超えた状態になります。

また、定例議会は年4回と申し上げましたが、議会で質問する内容に関して行政側とやり取りしたり、調べたりするのに相当な時間を費やします。議会における質問の調査を政務調査と呼びます。この調査にかける時間は議員によって大きく異なります。

しっかりとした知識がないと鋭い質問ができないので、私は、この調査に相当時間をかけるようにしています。そのため一人では間に合わず、スタッフに協力をお願いしています。さらに勉強する時間も取っています。必要に応じて所属政党での勉強会や議員研修会にも参加し知識を吸収します。ここに年間4カ月程度の時間を費やしています。

おいおい、すでに13カ月で1年をオーバーしているではないかと思われましたよね。私の場合は、これに加えて会社経営もしていますので、会社経営に費やす時間もあります。税理士や銀行など経営の役員会など、必要最低限の仕事だけに注力していても、年に2カ月程度は費やしています。

もちろん、私一人では1年で15カ月分の仕事をすることはできません。スタッフに手を貸してもらい、いっしょに議員活動と政治活動を行なっています。私の例をご紹介しましたが、議員によって時間の使い方は本当にさまざまです。

ただし、政党に所属している議員であれば、時間の使い方や費やす時間は、会社経営部分を除いて私と同じか、それ以上だと思ってください。どの議員にも共通していえることですが、議員にはまとまった休みという概念がありません。しかし、ある程度は自分でスケジュールを決めることができるのです。

自分で決め、組み立てる生活＝己との闘い

仕事も半日で終わることも多く、同じような単調な日々を過ごすことはまずありません。議会や公務は義務として出席する必要がありますが、それ以外の活動は議員の自由です。政党に所属せずに、住民とのコミュニケーションに時間を使う方もいれば、議員としての知識を吸収するための勉強時間にあてる方、政務調査に時間をかける方などさまざまです。

極論をいえば、さぼろうと思えばいくらでもさぼれますが、さぼっていると議会では質の悪

い質問を行なうようになり、段々と他の議員と差がついていきます。また、行政官も議員を冷静に見ていますので、勉強している議員と、していない議員は議会でのやりとりですぐにわかってしまいます。行政官から教えてもらうことも多くなり、学ばない議員は周囲からも馬鹿にされてしまいます。

また、政治活動や市民とのコミュニケーションを疎かにすると、「選挙のときだけ挨拶に来て、票だけほしい議員」などと揶揄され始めます。よく現職が選挙で強いといわれるのは、このようなコミュニケーション活動を重視して日々、活動しているからなのです。

上位当選する議員は日々、努力しています。逆にさぼっていると入れ替えの対象になります。皆さんが選挙で勝つには、「下位当選の議員席をいかに奪うか」が、勝負どころになるのです。

その３　議員の報酬

議員は高給取りなのか

ずばり、言いますと、議員の待遇は決してよいとはいえません。もし金銭的な期待をされているとすれば、がっかりされると思います。おそらく、「もや中」真っただ中の世代、40代、50代であれば７００万から１０００万円程度の収入はあるのではないでしょうか。地方議員の報酬も同じようなものです。

しかし、議員に退職金はありません。また、身分保障もありません。「落選すればただの人」といわれるように、落選したら退職金もなく、翌日から仕事を探さなくてはなりません。

また、活動を一生懸命にやればやるほど、お金がかかり持ち出しも多い世界です。議員の場合はおつき合いが多いので、出費もかさみます。どんどん時間もなくなり、年中動いている感覚になります。議員の場合は、どこまでが仕事で、どこまでがプライベートなのか不明確なのです（ゆえに、コスト管理やオンオフのセルフコントロールできることが重要です）。

お金では換算できない価値がある

先ほどもご説明したように、市民とのコミュニケーションは意見を聞くための重要な機会です。議員によってコミュニケーション方法はバラバラです。政務報告会をする議員もいれば、地域のお祭りやボランティア活動に参加してコミュニケーションする方もいます。

「これが仕事なのか?」と思われたかもしれません。しかし、こういったコミュニケーション活動は、議員が政策や意見を議会で出すためのネタや情報収集の場なのです。もちろん楽しんでやっている部分も多々あります。こういうすべての活動を、仮に仕事だとして時給計算すれば、ビジネスマンのほうがより高い待遇といえるでしょう。

しかし、考え方次第なのです。会社勤めだと仕事は楽しいことばかりではありません。また、自分で仕事を選り好みすることはできません。しかし、議員は議会と公務を除き、義務でやる仕事は基本的にはありません。

自分で選び、自分のやり方でできます。どのように時間を使おうが議員の自己責任なのです。自分でスケジュールを決め、自分でやりたいことをやることができ、市民に感謝される仕事は、ビジネスマンには味わえない醍醐味があります。

そもそも、「もや中」のあなたにとっては、新しいチャレンジと環境の変化こそが特効薬であり、報酬や条件だけがすべてではないでしょう。今の職場環境で我慢していても、給与も伸びない、リストラの不安におびえる毎日ならば、むしろ議員の身分保障がないことなど気にならないと思います。

ビジネスマン出身の皆さんは、当選すれば落選はしません。基本的に組織で鍛え上げられていますので、真面目に仕事をしますし、勉強もきちんとされると思います。また、皆さんと円滑なコミュニケーションができるはずです。ビジネスマン時代にやっていた当たり前のことをしっかりとやり、しっかりと伝えることができれば、ちゃんと市民は評価してくれます。企業のブラックボックスの人事評価で戦々恐々するよりも、市民の投票という人事評価のほうがよっぽどフェアで、スッキリすると思います。

仮に、あなたが私の当選した年齢である49歳だとしましょう。そのまま今の企業で勤めていくとどうなるのでしょうか。もし、社長の椅子が見えているのであれば、残ってがんばるのもよいでしょう。今のポジションを維持するのが大変だとか、５年後は役職定年の説明を人事部から受けていることが想像できてしまうとか、11年後の60歳で定年を迎えて、嘱託で新卒並みの給与で働くことが見えているという方、本当に今の状況に留まるのがよい選択なのでしょうか。環境を変えないことこそ、キャリアのリスクになりませんか。

「もや中」世代の報酬シミュレーション

ここで、一つのシミュレーションをしてみましょう。年齢は49歳、課長職で年収が７００万円の方だと仮定します。例は、①企業に残った場合と、②議員になった場合の比較です。

ケース①　企業に残った場合

49歳　課長　年収　７００万円
53歳　役職定年により部下なし担当課長　年収７００万円
55歳　部署異動　後輩の本部長配下にて担当課長として一から業務を覚える　年収６００万円
60歳　定年退職　新人時代に指導した課長配下で嘱託社員として勤務　年収４００万円
65歳　嘱託社員契約終了　年金生活　年収２５０万円

49歳から65歳までの報酬は
49歳〜55歳　７００万円×６年＝４２００万円
55歳〜60歳　６００万円×５年＝３０００万円
60歳〜65歳　４００万円×５年＝２０００万円
合計　９２００万円

ケース②　議員になった場合

49歳　市議会議員　一期議員として勉強をする日々　年収７００万円
53歳　市議会議員　２回めの選挙で当選し、経験を重ねる　年収７００万円
57歳　市議会議員　３回めの選挙で当選し、さらに経験を重ねる　年収７００万円
61歳　市議会議員　４回めの当選のベテランの議員
４年後の任期満了（65歳）にて勇退　年収７００万円

49歳～65歳までの報酬は
７００万円×16年＝１億１２００万円

ケース①とケース②の差は２０００万円になります。

※議員に退職金はありませんが、諸手当はあります。

いかがでしょうか。議員の報酬は決してよくはないといいましたが、あなたの年齢と状況によっては決して悪い選択肢ではないのです。議員の場合のシミュレーションには、議員報酬の

みを計算していますが、二期めや三期めになるとさまざまな役を得られるチャンスがあります。役職をいただけると報酬も加算されます。審議会の委員を委嘱されると報酬及び費用弁償をいただくことになります。議員はベテランになればなるほど、厚遇されていきます。

また、ビジネスマンの世界とは異なり、議員に必要な知識は法律や条例に関わることが多く、これらは日進月歩で変わっていくような類のものではないので、議員を続けていく＝経験を積んでいくことができます。経験と知識を積み重ねていくことで、発言に重みが増していきます。勉強や経験を積み重ねれば、積み重ねるほど、議員として成長していくのです。

しかし議員報酬は、当選一期めであろうが、四期めであろうが、基本の報酬は同じなのです。おもしろい世界ですね。

議員は支出も大きい

ここまで収入のことばかりを述べてきました。今度は支出のことをお話しします。議員は普通のサラリーマンと比較にならないほど支出が多くあります。

まずは選挙です。選挙では1回の選挙で数百万円がかかります。政務活動費も自己負担になります。これも、議員によって相当な差があります。一生懸命に調査活動を行なう議員は事務所を構えて人を雇うので毎月20万円くらいは簡単になくなります。主な出費は、アルバイトの事務員と家賃に加えて電話代や光熱費、コピー代です。

私の場合は、議会が終わるたびに政務報告会を行ないます。議会報告書は私の支援者名簿の３０００人に送ります。切手代は84円なので、四半期に１回で切手代が25万円です。年に４回だと１００万円です。つまり事務所人件費で年間２４０万円、選挙のための積み立て金が年間70万円、切手などの通信費用が１００万円になり、年間の政務活動費は４００万円を超えることになります。

さらに、夜のおつき合いも多く、会費もかかります。サラリーマンと違って交通費などはありませんので自己負担です。また、勉強をしないと質問力が落ちるので、研修にも参加します。本気で、徹底的に活動をすると、実は手元に残るのはわずかな金額なのです。

支出範囲は自分で決められる！

しかし、理想は理想です。多くの議員にとって、前述の支出体系は現実的ではありません。

それではどうすればいいのか。

やはり、「自分でどこまでやるのかを決める」のです。スタッフがいなければ事務所は不要です。自宅でやればよいのです。また、徹底的に人員を雇って政務活動をしなくても自分ができる範囲でやるというのも選択肢です。実際に専業議員は自分ですべてを行なうので休みはありませんが、金銭をうまく切り詰めながら行なっていますし、可能な選択です。

「やればやるほどお金がなくなる」というのが議員の世界の常識。何も事務所を用意したり、スタッフを雇わなくても、自分の身の丈にあった自分らしい活動をすればよいのです。どこまでやるかを決めるのは議員自身なのです。

ここでは報酬に焦点を当て比較しましたが、やはり報酬よりも魅力的なのは仕事のやりがいです。繰り返しになりますが、議員の仕事の醍醐味は議会を含めた公務以外は自分でやりたい仕事を選ぶことができるというところにあります。やり方や範囲を自分で決め、自己裁量の基で活動をコントロールしていける自由さに大きな魅力があります。

また、仕事自体が公益的な活動です。地域や社会をよくするために自分の政策を立案して実現するために活動し、小さな政策でも実現することで、市民の皆さんに感謝され、尊敬もされます。これだけ、皆さんに「がんばれ！」、「応援しているよ！」などと励ましの声をかけていただける職業は、それほど多くはないのではないでしょうか。

その４　議員の仕事内容について

議会・委員会と政務調査活動

最も大事なのは、議会や委員会への出席です。議会では、提出された議案に対して審議し、自分の意志で採決をします。この採決は、「議会だより」と呼ばれる議会報や議事録に掲載されます。議会や委員会で発言したことが、のちのち責任問題に発展することさえあります。そのためには、議案に関する条例や根拠法令を徹底して調査を行ないます。

また、過去の議会や委員会の発言を議事録から調査します。さらには過去の資料だけでなく、将来の予測資料や外部から関連する資料を取り寄せたり、現地調査したりするなど、やることは多岐に渡ります。

どこまでやるかは、議員によって差があります。現地調査をする人もいれば、机上だけで済ませる人もいます。また、現地調査だけでなく、独自で市民を対象にヒアリングをかけることまで行なう議員もいます。過去の議事録を読む人もいれば、読まない人もいます。過去の議事録も数年分を読む人もいれば、10年、20年分まで調査する議員もいます。

調査はやればやるほどきりがなく、時間がなくなるのと、一人でやれることには限界もあります。このような調査は本気でやると自分だけでは到底できません。よってスタッフの助けが必要になります。また、外部に調査を出すにもお金がかかります。そこで、議員にはありがたい制度があります。政務活動費です。

政務活動費とは、議員の報酬とは別に調査を目的とした会派に支給される予算です。これは各市区町村によって異なります。高額なところでは、月々数十万。一方、そうでないところは数千円です。政務活動費の多い市区町村では、会派として秘書業務として支出しているところもあります。また、政務調査費が十分でなくて、身銭を切ってスタッフを雇っている会派もあります。

その5　議員の一日

一週間のスケジュール

議員の仕事内容で一番重要なのは議会と委員会参加のための準備と調査であると申し上げましたが、普段はどのような日々を過ごしているのか気になると思います。議員によって違いがあると思いますが、私が過ごしたある一週間のスケジュールをご紹介します。

月曜日

9時～11時　駅前の自事務所に出所し議案に対する調査

13時～19時　会社に出勤、税理士や銀行、スタッフと打ち合わせ

火曜日

6時～8時30分　駅頭

10時～11時　登庁し委員会に出席

11時～12時　議員控室の自席にてデスクワーク

12時～12時30分　役所の議員控室から駅前の自事務所に移動

12時30分～14時　議会報告会についての打ち合わせをスタッフとランチミーティング

15時～16時　印刷業者とのホームページや名刺の打ち合わせ

18時～22時　支援団体の勉強会と懇親会

水曜日

9時～11時　駅前の自事務所に出所し事務仕事
13時～18時　支援者の方がたに挨拶回り

木曜日
6時～8時30分　駅頭
9時～11時　駅前事務所に出所しスタッフと議会準備の打ち合わせ
11時30分～14時　東村山ロータリークラブの例会参加
15時～16時　土地開発公社の会議に参加
17時～18時　永田町の党本部にて打ち合わせ

金曜日
10時～11時　登庁し役所の管理職と打ち合わせ
11時～12時　議員控室にてデスクワーク
15時～16時　自事務所にて支援者のヒアリング
19時～22時　会合と懇親会に参加

土曜日
10時～12時　式典に参加
12時～13時　地元のイベントに参加
19時～21時　支援者との懇親会に参加

日曜日
9時～11時　支援者の会合に参加
15時～17時　スタッフと議会に向けた調査進捗打ち合わせ

これは、定例議会が始まる前月のある一週間のスケジュールです。議会前なので、議会の打ち合わせに時間を割いていますが、週末は市民や支援者とのコミュニケーションに時間を割いています。私の場合は支援団体もあるので、会合や政策勉強会にも参加しています。行政側との打ち合わせをこなしながら、ロータリークラブの奉仕活動や会社の仕事をやっているのが、この一週間の過ごし方でした。

気になるイベントの種類と頻度

私も週末の地域イベントに参加をしていますが、多い人は一日でいくつも掛け持ちで回ります。また、夜の懇親会も、毎日どころか一日で掛け持ちの会食に参加する議員も多くいます。政策立案のための調査に時間を充てるのか、市民や支援者とのコミュニケーションに時間を充てるのか、支援団体に時間を充てるのか、地域活動に時間を充てるのか、議員によってさまざまです。

時期によってもイベントへの時間配分も変わります。私でも年末年始になると会食や会合が掛け持ちになります。乾杯と挨拶をしたら次の会場へ移動というのも経験しました。

季節のよい時期になると地域イベントが多くなるので、週末が忙しくなるときもあります。議員の仕事は多岐にわたり、同じ毎日やルーティンというものがありません。変化に富んだ生活を楽しむくらいでやるのがよいかと思います。

ここまで、「議員の実態」についてお話ししてきました。次章からは、「どうやって議員になるのか」をお話ししていきたいと思います。

第４章
議員になるための準備を始めよう！

その1　政党の公認候補者になろう

公認を得るには

S氏と出会い、政党の公認を得ることが議員への近道だということがわかりました。私はさっそく、どうすれば政党の公認を得ることができるのかを調べ始めました。

まず、政党が募集する政治塾に入塾して選抜されるという方法があります。しかし、塾生になったからといって必ずしも選抜されて公認候補になれるわけではありません。公認候補数は少なく、険しい道のりだと知りました。

私の場合はたまたまS氏と出会ったことで道が開けました。議員に知り合いがいれば、その人を通じて政党の公募に申し込ませてもらうことも可能ですが、ほとんどの政党で候補者の一般公募を行なっています。まずは党のHPにアクセスしてみてください。党によっては、特定の団体・宗教の構成員・信者であることが前提となりますが、そういった限定的な政党を除き、一般的な政党は基本的には誰でも応募ができます。

あなたの政治信条や政策、考え方をしっかりとアピールしましょう。該当する政党の方向性と異なっていなければ公認を得られる可能性は高くなります。

有名な党の公認を得る

圧倒的に政党支持率が高い自民党は公認を求める人も多く、公認を得ることはハードルが高いといえるでしょう。たとえば、自民党議員の秘書をされていたような方や、自民党員として地域で貢献してきた方もたくさんいますので、そのような人が公認を希望すれば、長年の貢献や実績が評価、考慮され、一般公募よりも優先されると推測されるからです。

自民党は長年、日本の与党として君臨しています。日本は民主国家ですので、中国共産党の一党独裁ほどの絶対的な地位は確立していません。とはいえ、アメリカ（の共和党と民主党）のように、常に交代を予定されているわけでもなく、イギリス（の保守党と労働党）の二大政党制のように交代することもあまりありません。

つまり、日本では自民党の議員として公認されれば、信頼を損なわない限り、半永久的に議員のポジションにいられるのです。また、その地位と選挙区は子ども、孫と息子たちに、または一族に世襲されていき、その地で基盤を築くことができます。他党にはない絶対的な安定につながっていきます。

先述のように、普通のサラリーマンが公認候補として認められる可能性は低いのですが、縁あって、もし自民党で公認が得られるならば、自民党の公認候補になることも一つの選択です。

理念の一致は必要か

このようにいうと、「自身の考え方が政党と一致しなければ意味がないし、自民党の考えと自分の考えは違う！」と主張する方がいると思います。本当にそうでしょうか。実は私も議員になる前は、そのように考えていました。

自民党にはさまざまな考え方の議員がいます。その中で同じような考え方の人が集まり派閥をつくっています。極右に近い派閥から、中道保守、中道改革、リベラルまで。考え方のウィングが広いのが自民党の特徴です。実は、現在自民党ではない多くの政党が自民党の中に吸収されれば、思想的にこのウィングの中に収まるのではないかというくらいの、幅の広さです。

それでは、なぜ、独立した政党が複数あるのかというと、そこはやはり、自民党に近い考えをもつ政党であっても、自民党と絶対に相いれない考え方というものもあるからなのです。

二大政党にならないワケ…

自民党と対峙する政党は、「本来、総理大臣は国民が参加して選ばれるのが理想」と考えています。つまり国民が応援した政党のトップ同士が政策論争をして最終的に国のリーダーが決められるような仕組みです。アメリカやイギリスのような二大政党が常に緊張感をもって政治を行ない、だらしない政治が行なわれているときは、いつでも片方の政党が政権を握るような仕組みを理想としているのです。

日本もイギリスと同じ議院内閣制ですので、国民の皆さんが望めば、イギリスのような保守党と労働党がいつも拮抗するような緊張感のある政治を実現することはできます。しかし私は、現実的には日本では二大政党はできないと思っています。それは、おそらく国民性だと思います。日本人は、はっきりと意見を表に出すことを望みませんし、行ないません。何となく、皆が選択することに合わせるのが大好きなのです。

自民党という名のブランド

自民党というブランドは国民のなかに浸透しています。もし現在の総理の派閥が間違った方向に進めば、党内で調整されていきます。自民党というブランドを選択しておけば、間違った舵取りはしないであろうという深層心理が、日本には根強く残っています。

繰り返しになりますが、公認をもらえるなら、自民党から公認されることが議員を長く続けられる選択肢です。考え方に関しては、右から左までウィングが広い政党なので、あとから派閥に入ればよいのです。

ただし、自民党で公認されるためには、時間と労力がかかります。多くの時間を費やしたにも関わらず、公認されない可能性もあります。また、忙しい普通のビジネスマンにとっては時間的な制約があり、現実的な選択ではないと思います。実際に、公認を取りたければ、次のようなやり方が考えられます。

過去、自民党では、自党が公認する候補者を「ネット投票」を通じて視聴者に選んでいただく新しい公募の仕組み「オープンエントリー2016」を行なったことがありました。このような仕組みは、今後、一般的になっていくものと考えられます。

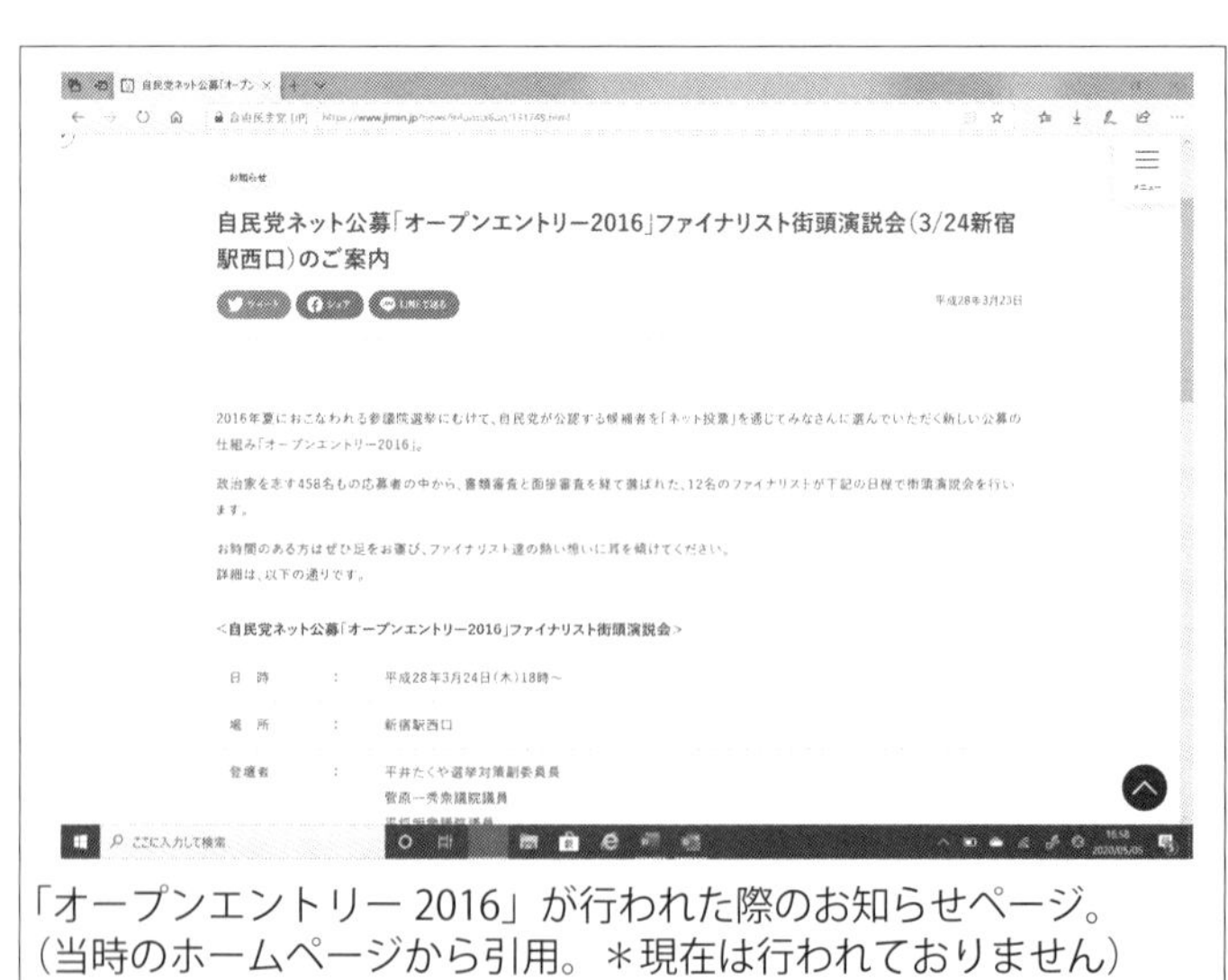

お知らせ

自民党ネット公募「オープンエントリー2016」ファイナリスト街頭演説会(3/24新宿駅西口)のご案内

平成28年3月23日

2016年夏におこなわれる参議院選挙にむけて、自民党が公認する候補者を「ネット投票」を通じてみなさんに選んでいただく新しい公募の仕組み「オープンエントリー2016」。

政治家を志す458名もの応募者の中から、書類審査と面接審査を経て選ばれた、12名のファイナリストが下記の日程で街頭演説会を行います。

お時間のある方はぜひ足をお運び、ファイナリスト達の熱い想いに耳を傾けてください。
詳細は、以下の通りです。

<自民党ネット公募「オープンエントリー2016」ファイナリスト街頭演説会>

日　時　：　平成28年3月24日(木)18時～

場　所　：　新宿駅西口

登壇者　：　平井たくや選挙対策副委員長
菅原一秀衆議院議員

「オープンエントリー 2016」が行われた際のお知らせページ。
(当時のホームページから引用。＊現在は行われておりません)

自民党以外のブランド

次に提案したいのは、自民党以外の政党での公認です。具体的には、立憲民主党や日本維新の会、国民民主党といった政党の公認候補です。自民党と比べると支持率が低いので、公認候補になれても当選確率は自民党候補者よりも低くなりますが、その分、公認候補にはなりやすいといえます（選挙区によっては候補者が集まらず、政党が候補を探しているケースも多い）。

政党を選ぶにあたり、やはり「自分の考えと党の方向性が合致できるか」という問題が出てきます。先ほど、自民党はウィングが広く、入党しても右派から左派まで幅広いので、自分に合った居場所は見つかると申し上げました。しかし、自民党以外の政党は別物です。

所帯が小さいために、ある程度、方向性に差があります。この差を理解しないで入党すると考え方の違いで、のちのち苦労します。以前の政権与党時代の民主党は、自民党と同じくウィングが広く右派から左派まで幅広い考え方の議員が集まっていました。自民党から離党した大物議員も多くいましたので、やり方に違いはありましたが、政治的イデオロギーでは大差はありませんでした。

両党の違いは、ガバナンスです。異なる意見が出ても、最終的には党で決めた方針に従い団結するのが自民党です。一方で、自由闊達に意見を交わしてまとまらないのが民主党の組織でした。このまとまらない党が最後に左派と保守に分かれてしまい、現在の立憲民主党（左派）

と国民民主党（保守）になりました（次の総選挙前に合流する動きがあります）。

　これから自民党以外の政党で公認を考えるのであれば、各政党の政治的イデオロギーとポジションを理解しておく必要があります。おそらく、私がとらえる各政党のポジションを右派と左派に整理すると下図「政党分布図」のようになります。

　一般市民の公募を行なう一般政党ですが、自民党以外であれば、立憲民主党、国民民主党、日本維新の会があります。どの政党も入党や公募に応募する前に政党と自分の考え方が合致できるのかは確認したほうがよいでしょう。

　簡単に各政党の特徴を説明しておきますと次のようになります。詳細は各政党のホームページの政策、マニュフェスト、アジェンダといわれるところを読んで理解することをおすすめします。

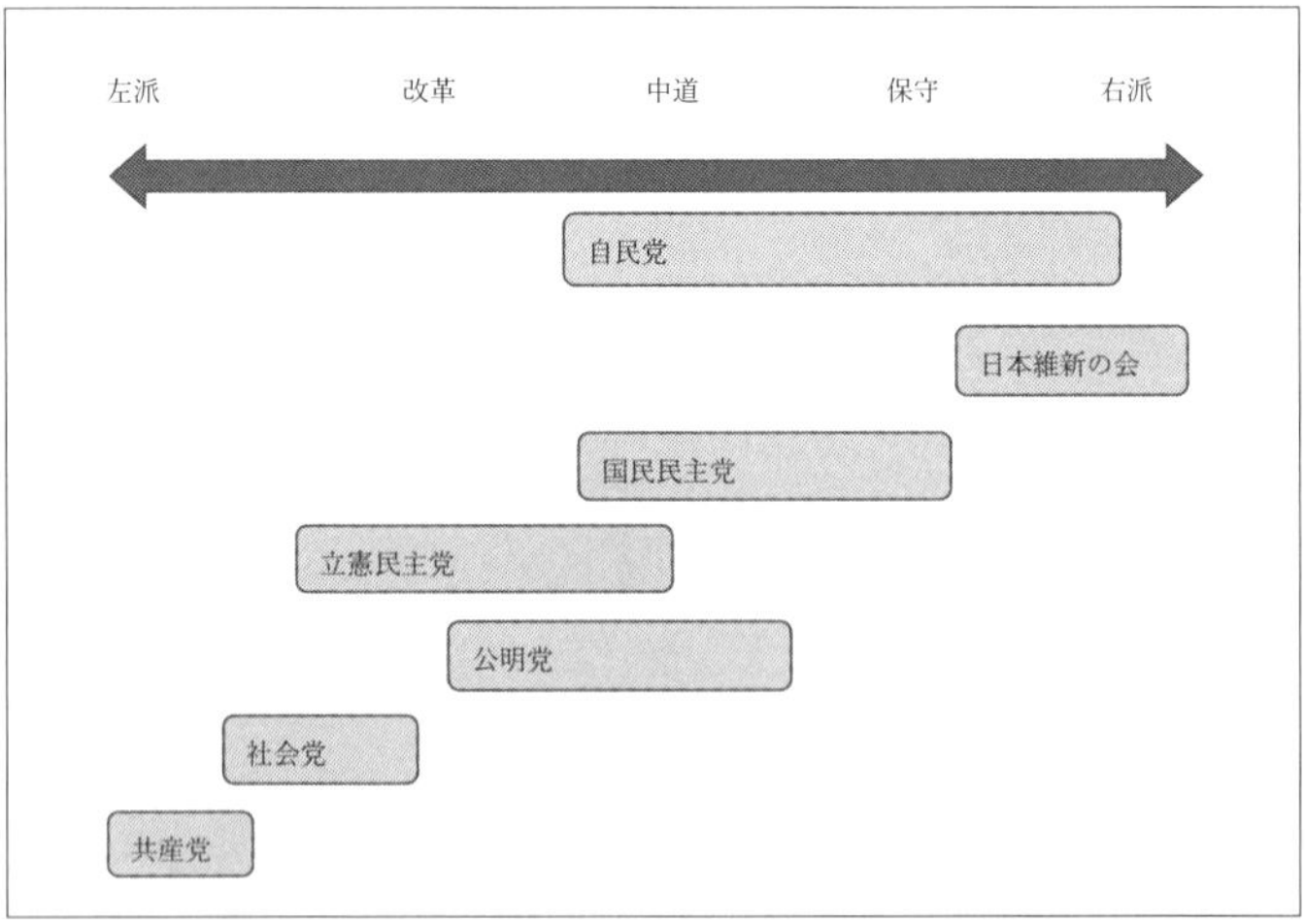

左派　改革　中道　保守　右派

自民党

日本維新の会

国民民主党

立憲民主党

公明党

社会党

共産党

政党分布図

立憲民主党の考え方

エネルギー政策では脱原発を訴えており、外交・安全保障問題では日米地位協定の改定を訴えています。また、多様性を受け入れる共生社会の実現を理想としています。「まっとうな政治」を目指し、不正に対しては徹底的にメスを入れていく姿勢の左派の改革政党です。

立憲民主党を支持する組織は、企業の労働組合の中で左派系の組合になります。選挙では日本共産党とも共闘しています。

公募　2018/03/09 更新

立憲民主党東京都連
東京都内地方自治体議員選挙候補者公募要綱

立憲民主党東京都連　会長　長妻昭／幹事長　手塚仁雄

■公募実施対象選挙
2018年（平成30年）3月現在から、2019年（平成31年）4月実施予定の統一地方選挙までに行われる都内自治体すべての区市町村議会議員選挙（以後も随時公募実施予定）

▼2018年（平成30年）選挙執行予定一覧
日野市議会 ※終了
町田市議会 ※終了
日の出町議会 ※終了
練馬区議会 ※終了
多摩市議会 ※終了
中野区議会 ※終了
立川市議会 ※終了
杉並区議会 ※終了
調布市議会 ※終了
八丈町議会　※終了
西東京市議会 ※終了
http://www.senkyo.metro.tokyo.jp/election/schedule/senkyo2018/

▼前回2015年（平成27年）選挙執行実績一覧
新島村議会　2月執行
千代田区議会,中央区議会,港区議会,新宿区議会,文京区議会,台東区議会,墨田区議会,江東区議会,品川区議会,目黒区議会,大田区議会,世田谷区議会,渋谷区議会,中野区議会,杉並区議会,豊島区議会,北区議会,荒川区議会,板橋区議会,練馬区議会,江戸川区議会,八王子市議会,武蔵野市議会,三鷹市議会,青梅市議会,府中市議会,昭島市議会,調布市議会,小平市議会,東村山市議会,国分寺市議会,国立市議会,福生市議会,狛江市議会,東大和市議会,清瀬市議会,東久留米市議会,武蔵村山市議会,多摩市議会,稲城市議会,羽村市議会,瑞穂町議会,檜原村議会,大島町議会,神津島村議会,御蔵島村議会,小笠原村議会　以上4月統一地方選挙執行
足立区議会　5月執行
http://www.senkyo.metro.tokyo.jp/election/schedule/senkyo2015/

■応募資格
1. 選挙期日において満25歳以上で、当該選挙での立候補資格を有すること
2. 立憲民主党の綱領や基本政策に賛同し、その実現に向けて共に活動できること

■選考日程
応募締切は、2019年4月予定の統一地方選挙について、第1次締切：2018年7月末、第2次締切：2018年9月末、第3次締切：2018年11月末とする。他の選挙は原則として各選挙期日の6か月前とするが、改革を志向する新たな候補者を広く募集する観点から、期日が迫っている選挙等も各種問い合わせには随時応じることとする。
書類審査の上、面接に進む者には別途日程等を通知する。

■応募方法
次の書類を、封書おもてに「公募書類在中」と朱書きの上、郵送で提出する。

1. 候補者公募申請書（書式はwebよりダウンロードのこと／写真を必ず添付）
2. 候補者公募経歴書（書式はwebよりダウンロードのこと）
3. 小論文（形式自由／800字程度で以下のテーマを踏まえ志望動機等をアピール）
○ 区市町村議会議員となって何に取り組みたいのか
○ なぜ立憲民主党の公認申請をするのか
4. 住民票1部
5. その他 推薦状や資格証明書など、公募にあたっての熱意をアピールする資料があれば、自由に添付のこと

<書類郵送先>
立憲民主党東京都連事務局
〒102-0093　東京都千代田区平河町2-12-4 ふじビル3F　TEL：03-6261-0435

■その他
1. 応募者の情報については、最終的に合格した者を除き、公開しない。
2. 応募にあたっては、これまでの政治活動および政治経験の有無、党籍の有無、学歴・職歴・年齢・性別などは問わない。ただし、女性議員が少ない地方議会の現状を踏まえ、ジェンダー平等の観点などから、女性からの積極的な応募を歓迎する。
3. 最終審査では、「最終学歴の卒業証明書」など追加必要書類の提出を求めることがある。

以上

立憲民主党
TOKYO

＊本書執筆当時（2020年6月）の立憲民主党ホームページより。「地方自治体議員選挙候補者公募要綱」

国民民主党の考え方

改革中道政党としてのポジションを訴えており、何でも反対する野党ではなく、与党とも歩調を合わせるべきものは合わせて、反対をすべきときは「つくろう。新しい答え。」というのが政党のスローガンです。

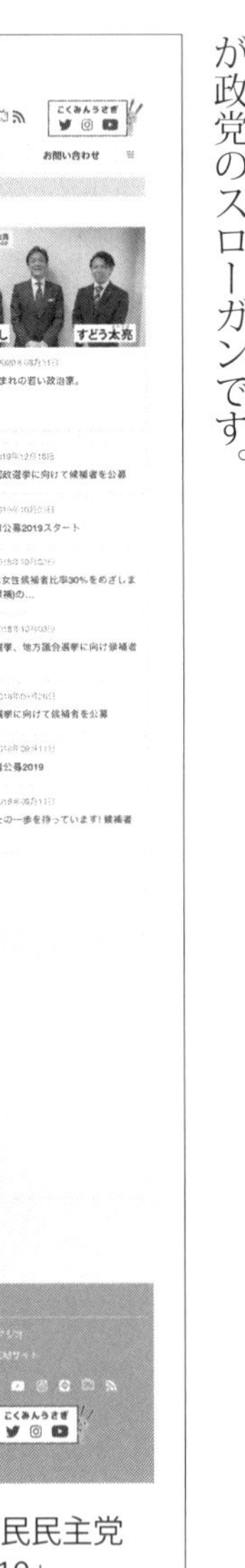

党基本情報　政策　議員　選挙情報　ニュース　グッズ　お問い合わせ

トップページ › ニュース › 候補者公募２０１９をスタ...

2019年02月22日

候補者公募２０１９をスタート

国民民主党は２０１９年２月２２日(金)より、国政選挙、地方自治体選挙での候補者の公募を開始しました。また、公募の開始に合わせ、特設サイトもオープンしました。

国民民主党は、「つくろう、新しい答え。」を党のタグラインとして掲げ、より多くの方の声に耳を傾け、課題と向き合い、答えをつくり、そしてその答えを発信するという取り組みを進めています。その「新しい答え。」、「より多くの新しい答え。」を一緒に作ることのできる人材を集めたいとの思いから、２０１９年２月２２日(金)より、候補者を公募します。

公募は国政選挙・地方自治体選挙を問わず、通年で行います。書類選考・適性検査・面接試験などにより、これからの政治を担うにふさわしい人材であると判断する方を、国民民主党公認候補の「有資格登録者」とします。選挙区の選定については、別途ヒアリング等を経て決定。第１次応募締切は２０１９年４月２６日(金)となります。

公募の開始に合わせ、CM動画と同じ世界観である「戦国」をモチーフとしたデザインの特設サイトもオープンしました。国民民主党は、現代と戦国時代は、権力の暴走や理不尽が横行しているという点で共通していると考えています。そのような時代に「世直ししたい」という志を持つ方に応募いただきたいとの思いから「戦国」をモチーフにしました。また、特設サイトには、募集要項だけでなく、玉木雄一郎代表から政治を志す方へ向けたメッセージも掲載しています。

いざ、出陣。覚悟はあるか。

ならば、共にたたかおう。

【公募日程】

- 募集期間：２０１９年２月２２日(金)～(通年募集)
- 第１次応募締切：２０１９年４月２６日(金)

【特設サイト】

https://sengoku.dpfp.or.jp/koubo/

https://sengoku.dpfp.or.jp/koubo/condition/ （募集要項）

※詳細につきましては、特設サイト内の募集要項にてご確認ください。

関連記事

誕生!平成生まれの若い政治家。

【広島】来る国政選挙に向けて候補者を公募

【茨城】候補者公募2019スタート

国民民主党は女性候補者比率30%をめざします!【コウホ(候補)の...

【兵庫】国政選挙、地方議会選挙に向け候補者を公募

【石川】各種選挙に向けて候補者を公募

【香川】候補者公募2019

【愛媛】あなたの一歩を待っています! 候補者公募

つくろう、新しい答え。

関連サイト

こくみんうさぎ

＊本書執筆当時（2020年6月）の国民民主党ホームページより。「候補者公募 2019」

エネルギー政策や・安全保障政策は理想を求めながらも現実路線を見据えています。国民民主党を支援しているのは、経営者と従業員が協力して現実的な経営を行なう保守系の労働組合です。

日本維新の会の考え方

大阪を中心に活動する政党です。近畿地方では圧倒的な勢力と人気を誇り、行政改革や規制改革等に力を入れています。地方政党から始まった経過もあり、道州制政策など地方分権を理

日本維新の会ホームページの「全国地方選挙／各選挙区支部長募集中」のページを開くと、下のほうに公募ページに飛ぶメニューボタンがあります。当選議員の生の声も。

想として改革を訴えています。政策的には改革提案は多いですが、政治思想や政策イデオロギー的には自民党よりも右派のポジションにあると感じられます。

日本維新の会を支持する特定の団体はなく、自民党や立憲民主党、国民民主党、公明党、日本共産党とは違い、特定の団体・組織とは組まない選挙戦を行なっています。

その2　選挙はマーケティング

国政選挙と地方選挙の違いを知る！

選挙のマーケティングの中身に入る前に、公認候補者になることのメリットをご説明します。それは、党の支持率とも関係しますが、候補者の「身分の信用保証」効果があると思っています。知名度のない無所属新人の場合、とくに若い人に顕著ですが、個々面接（→P144参照）などをしても「どこの馬の骨がやってきたんだ」的な扱いを受けることが多々あります。

政党支持率が低くても知名度の高い政党の公認であると、その候補者に政党色はついてしまうものの、「どこの馬の骨……」という扱いをされることはないでしょう。プラスマイナスありますが、政党公認というブランド力はそれなりにあると感じております。

次に選挙の仕組みについて少し触れたいと思います。一口に選挙といっても大きく国政選挙と地方選挙に分かれます。

国政選挙とは、衆・参議院議員選挙になります。地方選挙とは都道府県議会議員、市区町村議会議員、知事や市区町村長を選ぶ首長選挙などがあげられます。選挙の種類によって戦い方が大きく変わってきます。

国政選挙――衆議院議員選挙を知る！

衆議院議員選挙、小選挙区制のお話です。各都道府県内を選挙区で区切った地域を小選挙区と呼び、その選挙区から1名を選ぶ選挙になります。有権者数が数十万人もいますので、当選するには約10万票（地域によって差が出ます）を獲得しなければなりません。そう考えると候補者が有権者全員と会うことは皆無です。

実際に公認されている候補者も各政党で1名になりますし、野党が複数あっても野党でも候補者を統一してきますので、実際は与党の候補者ＶＳ野党の候補者になります。

参議院議員選挙も含め国政選挙では、世の中の趨勢に左右されることが多く、与党の支持率によって当落が決まってしまいます。野党の議員が個人的にいくら努力しても当選の果実を得ることは難しいのです。

衆議院議員選挙は、小選挙区のほか、全国を11ブロックに分けた比例代表制も存在します。

国政選挙——参議院議員選挙を知る！

参議院議員選挙はさらに選挙区が広くなるので、当選するための獲得票は20万から30万票となります。このような選挙ではタレントやスポーツ選手のような有名人が有利であり、候補者本人の知名度が結果を大きく左右します。

参議院議員選挙も、中選挙区制のほか、全国を1ブロックで行なう比例代表制も存在します。この前までビジネスマンをやっていたあなたが、このような国政選挙にいきなり出ても、特定の組織が応援しない限り当選は厳しいと考えてよいでしょう。

私が経験した選挙は都議会議員選挙と市議会議員選挙です。次は、地方議員選挙、その中でも市議会議員選挙について具体的にご説明します。

地方選挙——市議会議員選挙を知る！

市議会議員選挙は国政選挙とは違って、万の票を獲得する必要はありません。数千票程度になることがほとんどです。小さな市であれば数百票規模になります。ですので、政党の支持率は多少得票数に影響するものの、自身がしっかり有権者とコミュニケーションができていれば、必ずしも政党の評価と同じにはなりません。政党支持率が1％でも、候補者本人が評価されていれば、選挙区での集票率はその2倍、3倍と獲得する議員は存在します。このような候補者は、しっかりと地域との関わりをもち、大切にしている人です。

●地域のコミュニティに入りましょう

市議会議員を目指そうと思われたら、1年前から休日だけでも参加できる地域のコミュニティに参加してください。たくさんあります。子ども支援に関するボランティア、高齢者の福祉に関するボランティア、教育に関するボランティア、まちをきれいにするボランティア、消防や防災に関するボランティア。ここに入ることで地域の課題も見えてきます。

実際に行政でやっていることも、社会福祉や医療、教区、防災、安全、産業、観光などです。ボランティアでやったその経験は、将来、議員になったときに役に立ちます。そして何よりもここで出会う人たちがあなたの仲間になる可能性があります。

「議員になるためには、半年前に会社を辞めて活動に注力しろ」と言われます。

私は違う考えをもっています。会社を辞めると経済的に苦しくなり、家庭も不安定になります。そのようなリスクは、ギリギリまでやる必要はありません。逆に、議員になる意志を固めたら、早めにボランティアなどの組織に入って、地域の皆さんとのコミュニケーションを大切にしてください。働いていても週末くらいなら活動できると思います。

●半年前に公募に応募しましょう

政党の公募が始まるころです。このあたりから、政党に接触して面接の準備を開始しましょう。政党の面接で聞かれることは、たくさんありますが、政党が気にしているのは、「あなたがどれだけの票をつくれそうか」、そこを知りたいのです。地域で何かしらのコミュニティに入っていれば、票につながると党側も思えます。それと、選挙は泥臭いものです。泥臭いことに耐えられそうか、人物評価しています。公認したあとに辞退されると党も困るからです。

●公認が決まったら

政党に所属しようが、しなかろうが、この時期からの週末は、支援者になってもらえそうな方の自宅を訪問して、挨拶を始めましょう。所属しているコミュニティから紹介を受けたり、自分の学校関係や職場関係などからどんどん紹介してもらったりするのです。また、会った人からさらに紹介を受けて回ります。回った先のメモは残しておきましょう。

また、ある程度の規模の政党であれば、公認後に名簿を使わせてもらえる可能性はあります。政党を応援する方々のリストです。政党を応援する方のリストなので、あなたが挨拶に行けば先方も喜んでくれると思います。

●支援団体にあいさつに行きましょう

政党によっては支援団体があなたをバックアップしてくれます。企業団体なら、その企業に挨拶に行くべきです。これは、政党に所属すれば詳しくアドバイスしてもらえます。詳しい内容に関しては本書では割愛します。

各政党によって支援団体に特徴があります。医師会は○○党、歯科医師会は○○党、労働組合は○○党など、政党に所属する前に、ある程度は勉強されるとよいと思います。ちなみに、あなたが比較的、大手の企業に勤めているのであれば、労働組合があるはずです。社内で組合の方に相談されると味方になってくれるかもしれません。

その3　戦いに勝つためには

選挙戦はいす取りゲーム！

あなたが選挙で勝つためには、選挙の構造をしっかりと理解する必要があります。現職の議員たちはどのような選挙活動を行なっているのか、政党の所属議員はどのような戦い方をしているのかなど、あらかじめ理解しておくことが重要なのです。

選挙戦は椅子取りゲームです。議席が30席あるとすれば、現職で椅子は満席です。あなたは、満席の椅子から1席をもぎ取る必要があるのです。しかし、実際は改選されるのは半分以下で、獲得票数で成績上位の議員は当選順位が変わっても落選することはあまりありません。

ですので、30席があっても実際に改選されるのは2～10席程度だと思ってください。地域によっては改選もされず、何年間も同じ顔ぶれの議員が椅子に座り続けているところもあります。

気分は戦国武将！

新人のあなたが、この議席を獲得するには、現職議員と同じやり方をしていては勝てません。

現職議員たちの多くは過去の選挙の記録を残しています。そして、本人と後援会は経験という蓄積がありますので、戦い方を熟知しています。身体で覚えているのです。よく、「選挙は武器を持たない現代の戦だ」といわれるので、戦にたとえてご説明しますね。

戦国武将をイメージしてください。戦国武将は馬に乗り、武器を巧みに操り、敵を倒していきます。戦国武将は、どうして上手に馬を乗りこなし、刀を操れるのでしょうか。きっと、小さいときから武士という環境下で長年素振りをして、乗馬の練習に励んできたのでしょう。もしくは、父親や親戚も武将で、父から訓練を受けてきたのかもしれません。

一方、戦に出るからと、畑仕事しかしていなかった農民に、馬と刀を与えたとして、すぐに現場で戦えるでしょうか。おそらく、早い馬を与えられても、切れ味がよい刀を与えられても、瞬殺されて終わってしまうことでしょう。

マイクは刀！　街宣車は馬！

これを現代の選挙で当てはめると、街宣車が馬で、刀がマイクです。サラリーマン出身の皆さんは、いきなりマイクと街宣車を与えられても何をどうすればよいのか正直、わからないですよね。また、名簿はある意味、戦場における地図ともいえます。現職は地図を見て、巧みに効率よく馬を走らせ、刀を振り回します。

現職の議員や二代目の新人は、身体でマイクの使い方、街宣車の利用方法を理解しています。素人でもそれっぽい恰好にはなりますが、結果は出ません。

野武士から戦国武将になる！

ビジネスマン出身の候補者は、野武士が百戦錬磨の武将たちと勝負するようなもの。ちなみに、私の初めての選挙は、武器の使い方も地図の見方もわからず、闇雲に戦い、敗戦しました。

ビジネスマンが選挙という戦で勝つためには、道具や地図の読み方を理解する必要があるのです。あなたが戦い方を理解し、対策を講じて挑めば、下位当選する議員には必ず勝てます。なぜなら、二代目や秘書経験者を除いたうちの、通常の新人候補者は戦い方をよく理解していないからです。

この新人候補者の中で一つ頭を突き抜けば、下位当選に十分に食い込むことは可能なのです（下位当選なんて……と思わないでくださいね。選挙は当選することが最重要なのです！）。

まずは皆さんに選挙の構造を理解していただいた上で、具体的な方法を述べていきたいと思います。

第５章
ビジネスマンでも勝てる選挙マーケティング理論編

その1　組織の選挙と帰属意識

なんとなく投票する？

皆さんの周りで選挙投票日、候補者の政策を深く理解もせずに、何となく投票しているケースはないでしょうか。実は、この行動は多く見られる現象で、この行動を理解しておくのは選挙戦を戦う皆さんには重要なのです。このような行動について、論文が数多く発表されています。私が大学院で研究した「選挙マーケティング」の論文で記載した内容を紹介するとともに、ところどころで〔コラム〕として、私の師匠の新倉教授から、わかりやすく理論を解説してもらいます。

アメリカで生まれた政党帰属意識論

政党帰属意識論は、アメリカ・ミシガン大学の４人の研究者によって提唱されたもので、ミシガンモデルと呼ばれます。選挙が近くなると政党支持率が報道を通じて発表されますね。発表されている政党支持率の中で、一定層は政党帰属意識により投票を行なっている有権者である、というのがミシガンモデルの主張です。

政党帰属意識は、家庭を中心とする初期の政治的社会化によって形成されます。いったん形成されると、政党帰属意識はほぼ一生変わらず、選挙を重ねるにつれて強化されていくといわれています。家庭での社会化が強ければ強いほど、親の代の政党帰属の分布は、子の代になっても変わらないそうです。そればかりでなく、代々強化されることになり、政治システムは安定するというのです。

日本での政党帰属意識

日本においても政党帰属意識を説明できる事例はいくつか存在します。たとえば、青年会議所（ＪＣ）やロータリークラブに所属する人は、親子代々で自民党を支持していることが多いといわれています。日本のオーナー経営者は、父親がロータリークラブに所属し、息子が青年会議所に所属していることが多いのです。

両組織は自民党とは直接の関係はないのですが、会員の多くは自民党を支持する人が多く、自民党の大物議員を歴代輩出していることもあり（もちろん民主党系の議員もいます）、政党帰属意識は高いといえます。

また、経営者自らが青年会議所を卒業して自民党公認で出馬する例も実は多いのです。青年会議所を卒業してロータリークラブに所属したあとに議員になる場合もこれまた多いのです。

東京東村山ロータリークラブの例

実際に私が住む東村山市のロータリークラブの例をご紹介します。

・元市長はエネルギー関係の会社経営者（大変尊敬しています）
・元市議会議員は弁護士事務所を経営する現役弁護士（理論的で話がじょうず）
・元市議会議員は保育・幼稚園経営者（いつもアドバイスいただいています）

現職市議会議員である私自身も、会社経営者で東村山市のロータリークラブの会員ですが、自民党ではありません。しかし、前述の元市長をはじめ、元市議会議員は全員が自民党出身ですので、政党所属意識の強さは自身の体験から説明できる理論です。

ロータリークラブ以外の例

宗教系の政党所属意識のケースも同様なことが起きています。親がS会に加入している場合は、その子どももS会に入会しているケースが多く、K党を支持しています。ミシガンモデルは、一定層においては現代においても説明がつく理論であるといえます。

習慣的投票行動とヒューリスティクス

消費者行動において、このような政党の選び方や評価の方法は「ヒューリスティクス」(heuristics) と呼ばれています。これは、別名「簡便法」と呼ばれるように、消費者にとってはとても簡単で便利な選択・評価の方法なのです。人間には限られた情報処理能力しかなく、経験則をもとにさまざまな情報処理を簡略化してしまうのです。これは、投票行動においても同じといえます。投票行動分析の第一人者である三宅一郎氏は、このような投票行動を「習慣的投票」と述べています。

マーケティング施策が効かない層

このように政党帰属意識がある有権者層は、マーケティング施策をしても投票行動を変えることが難しい層といえます。

また、特定の組織団体は、団体の利害のために一定の政党を支援することがあります。これを機能集団といいます。機能集団とは、その目的達成のための行動の一環として選挙で候補者を推薦するなどの政治活動を行ないます。機能集団には労働組合、同業組合、商店会、遺族会、宗教団体などが含まれます。

機能集団はヒューリスティクスな投票行動とは違いますが、組織と候補者の利害関係が一致するために、マーケティングの活動が利かないマーケットであるといえます。

そこで、選挙においてマーケティングの効果が発揮される層とは、

・特定の政党を支持していない、政党帰属意識のない有権者

・候補者との利害関係がある機能集団を除いた浮動票である無党派層

であるといえるのです。

コラム1 新倉教授とA研究生の会話「ヒューリスティクスって何？」

A研究生　先生！ 鈴木議員が、ヒューリスティクスな投票行動を説明していますが、もう少しわかりやすく教えてもらえませんか。イメージがわきません！

新倉教授　いいですよ。ヒューリスティクスの例としてよく挙げられるのは、ビールの購買例ですね。Aさんは、いつもどうやってビールを買いますか。

A研究生　私は、いつも、サッポロ黒ラベルです。絶対に浮気しません！

新倉教授　そうですか（笑）。その「いつものビールを選ぶ」という選び方が、まさにヒューリスティクスなんですよ。

A研究生　〝いつものビール〟がヒューリスティクス……。ほかにはどんな例がありますか。

新倉教授　そうですね。Aさんは、化粧水をどうやって選んでいますか？

A研究生　私は、大好きなモデルSさんのブログを見て、Sさんおススメの化粧水を買っています。だって先生、Sさんは若いときからずっと、そしてママになった40代の今でも、とてもきれいで、モデルとして活躍してるんですよ。その人がすすめる化粧品なら、まちがいないです。

新倉教授　なるほどね。それもまさに、ヒューリスティクスですね。

A研究生　ビールと化粧品の、共通点がわかるような、わからないような……。

新倉教授　普通に考えると、ドラッグストアにたくさん置かれている化粧水のなかから値段や成分、ブランドイメージに至るまで、Aさん自身が情報収集して、比較検討して買いますよね。
でも、時間をかけて、たくさんの情報を収集して判断するのは、結構大変ですよねえ。仕事と学業を両立しているAさんは、無意識にその作業を簡略化して、「信頼する人物が推奨するものをそのまま買う」という選び方をしているわけです。

前回買ったものと同じものを買う、母親がいつも使っていたのと同じブランドを選ぶ、最安値のものを買うなど、どれも情報処理を簡略化したヒューリスティクスといえます。

A研究生　なるほど！　楽しちゃってるわけですね、私。反省します。

新倉教授　いえいえ、反省なんて必要ありませんよ。人間の情報処理の能力には限りがありますから、人間誰しも、ある製品にはヒューリスティクスを発動させたり、ある製品には時間と労力をかけたりと、いろいろな情報処理行動をしているんです。詳しくは今度またお話ししますね。

その２　無党派層とは

無党派層のなかの「青い鳥」を探せ！

無党派層とは、特定の政党を支持せず、また候補者と利害関係のある組織に関与していない人のことをいいます。一般的には政治には興味がない人のイメージです。

そんなに政治に無関心な人が多いなら、そんな無党派層にマーケティング施策を施しても無意味なのでは、と思われるかもしれませんが、政治学の分野では、無党派層のなかにも「青い鳥」を見出す投票行動がある、という指摘があるのです。

無党派層のなかの「青い鳥」を見出す投票行動とは、次のようなものです。

・投票場に行っても何も変わらないかもしれないが、棄権したからといって、さらに何かが変わるものでもない。
・もっとも政治や自分たちの生活に満足しているのであれば、現状維持を願って有権者は棄権するかもしれない。
・一方、政治の現状や生活に少しでも不満があれば、少しでもよい変化を願って、相対的に期待できる政党政治家を探し出そうとする。

読者の皆さんのなかにも、思いあたる人、いませんか。

無党派層はどんな人たち？

日本における無党派層の一般的な特徴をみてみると、社会的属性の影響はあまりみられません。しかし、性別と年齢は顕著な特徴を示しており、女性ほど、そして低年齢ほど政党を支持しない人が多いそうです。

また、無党派層は、相対的に政治的有効性感覚（自分が政治に対して影響を及ぼすことができるという感覚）、政治家への信頼度、政治的な満足感、イデオロギー強度などが低く、周囲にも無党派層が多く、組織への加入も低いといった特徴がみられます。

この無党派層の投票行動のプロセスを解明することが、選挙において有効なマーケティングを展開することができる道標となります。現職は、すでに組織をもっています。支援者も存在します。この現職議員に立ち向かうにはどうすべきなのか。政党から公認されていれば、新人でも一定の票は入りますが、それだけでは勝てません。この無党派層という市場にマーケティングができるかが、あなたの選挙の勝敗を左右するのです。

その３　投票行動の分析

公約は当選に関係ある？

少し古いですが、過去の投票行動研究では次のようなデータがあります。

当選結果と公約を重回帰分析した結果によると、「運輸、通信」「国土環境」という公約は当落に強い関連をもっているそうです。しかし「社会福祉」や「保健衛生」、「教育、労働」という公約は当落にあまり影響を受けていないという分析結果が出ています。

しかし、このデータにおける公約ですが、「時代の争点」により当落に関係するとはいえ、一つの選挙もしくは、短期的な一定期間の結果を分析したに過ぎないのです。この研究者は争点と投票行動の分析も行なっていますが、争点も時代とともに変わり、短期的な分析になるといわざるを得ないと、自身の分析課題を指摘しています。

候補者イメージと投票行動

候補者個人に重きをおいて投票をするには、多かれ少なかれ、候補者についての知識がなければなりません。これを逆の方向からみると、候補者についての知識が増すにつれて、候補者個人を判定基準として投票選択を行なうチャンスが増えるといえます。

候補者のイメージは投票行動と結びつくといわれていますが、投票行動に結びつけるプロセスや投票したくなる候補者イメージが解明できれば、選挙マーケティングの方法は大きく変わる可能性があります。

消費者行動からみた投票行動

そこで、消費者行動研究の見地から候補者を商品と見立て、投票行動に結びつくプロセスとは何かを考察したいと思います。

消費者行動において、購買行動は意思決定プロセスという枠組みでとらえられます。大きく、購買前活動、購買時活動、購買後活動という3つのフェーズに分かれます（左ページ図）。さらにそのプロセスを細かくみていくと、①問題認識　②情報探索　③選択肢の評価　④選択・購買　⑤購買後評価　という5つの段階に区分できます。

たとえば、スマートフォンが壊れたときのことを例に考えてみましょう。このとき、①は「スマホが壊れたから、新しいのを買おう」、②は「ネットやパンフレットで最新機種のデザインや金額を調べる」、③では「家族や友人、店員のアドバイスなどを参考に、どれがいいか、評価する」、そして④で「新しいスマホを選んで、購入」、そのあと、⑤として「ＳＮＳにアップしたり、友人にすすめる」——となります。

ではこれを、投票行動にあてはめてみましょう。

【購買（投票）前のフェーズ】

選挙の場合、①問題認識は、そのときの政治的な課題と理解できます。有権者にも潜在的か顕在的かは別にして、税、福祉、産業など何かしらの問題意識が国政レベルでも市政レベルでも存在しています。こうした課題を候補者がマニフェストや演説を行ない明確化し、その解決を自らが行なうと訴えることで有権者の問題意識を顕在化させるのです。

②の情報探索は、その問題認識を解決してくれる候補者を探す段階です。候補者の経歴、学歴、年齢、出身地などの情報に対して、有権

問題認識 → 情報探索 → 選択肢の評価 → 選択・購買 → 選択後の再評価

購買前	購買時	購買後

購買意思決定プロセス

者は候補者の情報を比較検討し、情報探索を行なうのです。

【購買（投票）時のフェーズ】

③の選択肢の評価の段階では、いくつかの選択（候補者）が見つかった場合、最も有望な候補者を選び出すための比較検討をすることになります。

④選択と購買、これが選挙になると投票という行動になります。政治における問題意識を認識し、議員候補者の情報を探索し、候補者同士を比較検討し、最終的に投票を行なうのです。

【購買（投票）時のフェーズ】

⑤購買後の再評価の段階では、自分が投票した候補者が当選したのか、落選したのかを確認するのが最初の評価になると考えられます。自身が投票した議員が当選した場合は、その後の活動が公約通りに行なわれているのかを評価する行為ととらえられます。

ＭＡＯ視点から考える

近年、消費者行動を情報処理の観点からとらえた一般的な枠組みとしてＭＡＯという視点が重要視されています。MとはMotivation（動機づけ）、AはAbility（能力）、Oはopportunity（処理機会）をいいます。内部要因に位置づけられる動機づけがM、能力がA、そして外部要因にあたる情報処理機会がOに該当します。これらの「ＭＡＯ」により、消費者の情報処理プロセスは大きく規定されるのです。

その候補者にどのくらい動機づけを持つか（すなわち、どのくらい関心を持ち、真剣に考えようとするのか）、その候補者を適切に分析することができる能力を持つか、投票の状況にどの程度左右されるかによって投票行動は異なってくるのです。

有権者の関与が重要

動機づけとの関連でいえば、意思決定のプロセスのなかで、関与の度合いが重要です。関与度の高い消費者は、その製品に対する思い入れやこだわりの度合が高いため、その購買に対して多くの認知的、行動的努力を注ぐことになります。高関与の消費者は、多くの情報を集めたり、自分にとって必要な属性や便益とはどのようなものなのかを自ら熱心に解釈するのです。

投票行動においても同じ行動があると想定されます。候補者の情報はマニュフェストや新聞広報、演説なので、政策やプロフィール、実績などの情報を集めて自分の生活にプラスになる政治を行なってくれそうな候補を選ぶのと同じ行為だといえます。

一方で、低関与の消費者はその製品に対する思い入れやこだわり度合が低いため、その購買に際しては、多くの認知的、行動的努力を注ぐことはしません。低関与の消費者が知覚する情報の数は、高関与の消費者と比べて少なくなります。

これは、有権者の投票行動においては、政治への興味がなく、明確な生活上での課題もないために選挙には行くが、少ない情報で候補者を判断するような投票行動であるといえます。公営掲示板で候補者の情報を確認して投票する、もしくは、駅前で演説を何度か聞いたことがあるので投票するというような投票行動があてはまります。

コラム3　新倉教授とA研究生の会話「MAOって何?」

A研究生　先生!　鈴木議員がMAOと言ってますが、これも難しいですね。

新倉教授　MAOは消費者の情報処理を規定する要因の「Motivaton,Ability,Opportunity」の頭文字ですね。Aさんの好きな車の購入で考えてみましょうか。MAOの「M」は動機ですが、Aさんが車を購入しようと思うのはどんなときですか。

A研究生　車が壊れたときやカッコイイモデルを見つけて、乗り換えたい！っていうときですかね。

新倉教授　「車が壊れたので乗り換えたい」というのは、マイナスの状態を通常の状態に戻したいという解消型の動機といわれています。「カッコイイモデルに乗り換えたい」というのは、通常の状態からプラスの状態に格上げする報酬型の動機といわれています。

動機というのは、なにかの問題を認識したときに発生します。言い換えますと、問題とは、「理想の状態と現実の状態とのギャップを知覚すること」で、この問題を解消しようとして、情報処理が動機づけられていくのです。

A研究生　解消型の動機は「マイナスの状態を解消するため」、報酬型の動機は「プラスの状態に報酬をもたらすため」ってことですね。

新倉教授　おお、素晴らしい！　その通りです。次に「A」の能力について考えましょう。情報処理の能力は、消費者のもつ知識と密接な関係があります。車を買う際に必要な知識は何だと思いますか？

A研究生　車の「ブランドをどれだけ知っているか」とか、価格帯や、エンジン、燃費、安全性とか……あげていくとキリがないですね。でも知っていれば知っているだけ、よい買い物ができそうな気がします。

新倉教授　そうですね。車についての知識が多いというのは、知識の量的側面を示していまして「精通性」といいます。また、知識には質的な側面もありまして、これを「専門知識力」といいます。詳しくはまた後ほどということで。ところでAさんは車について、自分にどのくらいの知識があるか考えたことありますか？

A研究生　…先生、実は私、「ビビッと来るデザイン＝フランス車最高」くらいの知識しかないんです（苦笑）。

新倉教授　これも、人それぞれですよね。最後の「O」である、処理機会について考えてみましょう。これは、どのようなときに情報処理が行われるかという機会や場面として考えられています。状況・文脈・コンテクストなどとも呼ばれています。
情報処理は、購買前、購買時、購買後というあらゆる機会で行われていますよね。このことをしっかり把握しておく必要があります。同じものでも情報処理される機会や場面によって、異なったものとして処理されることがあるからです。キットカットが受験時には「お守り」として処理されるように。

その４　無所属や低支持率の政党でも勝つためには

候補者は商品、有権者は消費者

先ほど紹介した政党帰属意識は、有権者の投票行動において重要な要素です。同時に、候補者自身としてのブランドやその認知度も投票行動において重要な要素であると考えられます。政治学の研究では政党のイメージを中心に論じていますが、候補者自身にもイメージが存在しますし、意識的につくりあげていくことも可能です。

有権者を消費者、候補者を商品ととらえれば、消費者行動のマーケティング理論は選挙活動にも応用ができます。投票行動においても投票以前からの情報の探索や、比較など、消費者行動に似たプロセスが存在すると考えられますので、このプロセスをしっかりと理解してマーケティング戦略を立てることが、新人候補が勝利を収める近道なのです。

繰り返しますが、あなたがターゲットにすべきは、無党派層。無党派層に効率よくアプローチするための戦略が選挙マーケティングで最も重要です。

その5　日本の選挙構造について

政党所属候補者を知る

まずは、あなたが立候補する前に、現職の議員がどのような票づくりをしているのかを理解しましょう。「敵を知り、己を知らずば、百戦危うからず」です。現職の議員たち、党所属の議員たちがどのように票を獲得しているのか、主だった政党ごとに説明していきます。

日本は米国・英国の二大政党とは違い、多数の政党が乱立しているのが特徴的です。時代によって政党名は変わっていますが、保守を代表する自由民主党、共産主義を主張する日本共産党、リベラルと保守が混在する民主党系（＊1）、宗教系（＊2）、その他の少数政党（＊3）に大別されます。

ここで具体的な政党で表現せずに系統で表示するのは、有権者にアプローチする方法や支援組織を基準に分類するからです。ただし、自民党と日本共産党は戦後の政治体制の中で名前も支持者も変わっていないので、党名をそのままに分類をしています。

【自民党】

保守系で大胆な変化や変革を好まない有権者に支持をされているところが特徴です。日本的な伝統や文化を大切にしています。中小企業のオーナー経営者や資本家、地主など比較的、所得の高い層に支持者が多いといわれています。

また、地主が多く所属する農協関係者や、経営者が所属する商工会・商工会議所関係者といったところが組織的に応援をしています。

医師会などの業界団体も、業界によっては支持をしています。しかし税理士会、行政書士会・社会保険労務士会などの業界団体は政治団体をつくり、自民党と民主党系の議員両方を応援（候補者で判断）しているケースが多いようです。これは、政権交代の際に自分たちの業界に不利な法律が施行されないように両党を支援する事でリスク回避をしているものと考えられます。

最近は、サラリーマンの支持層も増えていますが、党員になっている有権者は稀で、サラリーマン支持層は浮動票とみるべき層といえます。サラリーマン層は、時代の争点によっては、他

＊１　民主党系とは、国民民主党、立憲民主党の旧民主党のことを意味する。
＊２　宗教系とは、特定の宗教団体が活動する政党で、公明党、幸福実現党などを意味する。
＊３　その他とは、日本維新、れいわ新選組、社会党などを意味する。

の政党を支持する可能性があるからです。

彼らの選挙マーケティングの特徴は、地元選出の候補者を中心に公認することです。また候補者も地元の商店、商工会、農協などの組織に政策を訴えつつ、地元のイベントや祭りや会合に顔を出して1対1のマーケティングを繰り広げていくのが特徴です。少人数を集めて卓話なども行なっています。もちろん、同じやり方は他の政党候補者も行なっていますが、自民党ほどの組織化はなされていないのが実情です。

その土地で生まれ育った保守的な古い住民をターゲットにしているので、政策も地域特有の政策が多く、地域の道路や橋、鉄道など地域のインフラ整備に関して力を入れているのが特徴的です。地域の要望を実現する事を期待し自民党公認者に投票する住民は多く、特に古くからその土地に暮らす住民は、その傾向が強いといえます。

【民主党系】

ここで、政党ではなく民主党系としているのは、民主党は保守と中道左派が分裂し、左派が立憲民主党となり、保守系が国民民主党となったからです。もともと同じ政党であったために支持母体や選挙マーケティングが同じであるので、あえて、系という表現にしています。

特徴は、与党への不満があり、変化や改革を好む有権者に支持されている点です。最大の支援者は大企業を中心にした労働組合が集まった組織です。今まではサラリーマン層を中心にしていましたが、最近は労働組合のある企業の減少や組合の組織力の低下により、サラリーマン層が浮動票へ移るケースが年々増加しています。

公募を行ない、選ばれた人物が公認候補となります。選挙区出身であることにはかかわらず、候補者が選挙区の出身でなければ、落下傘候補として選挙区に移ってもらうこともあります。自民党でも同じことをしていますが、事例は多くありません。

民主党系の選挙マーケティングの特徴は、企業の労働組合を中心に集票をすることです。各企業の労働組合やそれらが集まった総連や労連(情報労連、自治労連など)、ＵＡゼンセンといった中央組織に推薦を受け組合員に政策の訴えを行ないます。

各組合が主催する政策勉強会や会合、パーティーに出席して候補者自らの顔を売ることを行なっています。労働者（＊４）（ブルーカラー、ホワイトカラーにかかわらず、サラリーを受け取るサラリーマン）から集票するにあたり、労働者を保護する政策の立法や推進を進めていくのが特徴です。具体的には、労働条件に関する法律や条例、契約について力を入れています。

まさに労働者をターゲットにしていることから、通勤する人に向けて駅に立って、駅頭演説

＊４　組合に加入し給与をもらう者は該当するので、教職員や公務員も該当する。

をすることが多いのも特徴です。最近は、各党が浮動票獲得のため、民主党系以外も駅頭演説を行ない、専売特許ではなくなっています。

【宗教系】

民主党系と同様に宗教系も政党ではなく系統で分類しているのは、どの宗教系政党であっても候補者は、信者もしくは会員であり、集票のターゲットも一般人ではなく信者もしくは会員をターゲットにしているところが共通しているからです。

特徴は、政党を宗教団体がバックアップしている点です。公明党や幸福実現党などがあげられます。その代表格である公明党では、宗教団体の会員の中から候補者が選ばれて公認されます。幸福実現党も宗教団体の会員から候補者が選ばれて公認されます。公明党も幸福実現党も集票のターゲットは、母体である宗教団体であり、会員をターゲットにした選挙マーケティングを繰り広げています。

公明党の候補者も幸福実現党の候補者も駅や街で演説をするのは、街中にいる会員をメインのターゲットにしているからです。しかし近年は、公明党はF作戦（フレンド作戦）（＊5）で一般有権者に宗教団体の会員が訪ねていき、集票に力を入れています。

政策の特徴としては、低所得者に手厚い政策を掲げる点です。おそらく、母体の宗教団体の会員は低所得者が多いために、政策もターゲット層に合わせたマーケティングがなされていると考えられます。

【日本共産党】

最大の特徴は、共産主義を掲げており、他の政党や系統とは一線を画す独自の政治理念やイデオロギーを持つ点にあります。弱者に配慮した政策、支持者は左派が多く、社会派の大学教授や弁護士といったインテリ層も多いのが特徴です。

支持者の多くは、新聞「赤旗」（＊6）の購読者であり購読者を中心に集票活動を行なっています。組織としては、民主商工会（＊7）や土建組合（＊8）など日本共産党を支持する組織が存在します。

零細企業の組合であるために、政策としては弱者保護に関わるものが多いようです。また一般有権者も時の政権への批判層が日本共産党に投票することもあり、一般有権者もマーケティ

＊5　創価学会員が知り合いの一般人に個別訪問し、公明党の候補者に投票依頼する活動。
＊6　共産党の機関紙。
＊7　共産党を支持する全国の小規模所事業者団体。
＊8　共産党を支持する全国の小規模建設事業者組合。

ングの対象となっています。一般有権者への活動は他の政党と同じような施策を行なっています。

【一般政党系】

この本での一般政党系の定義とは、特定の支持母体や組織が存在しない政党のことをいいます。具体的には、日本維新の会、社民党、れいわ新選組、ＮＨＫから国民を守る党、希望の党などが該当します。

日本維新の会、れいわ新選組の政党支持率は、国民民主党よりも若干、支持率が高いのですが、特定の支持母体が存在しないために一般政党と定義しています。また、社民党には特定の支持母体もありますが、支持母体が支持率に影響しないほどの支持率（1％未満）であるために一般政党系としています。ＮＨＫを国民から守る党も政策が独特ではありますが、宗教的な思想はなく、一般的有権者をターゲットに選挙マーケティングを行なっているために一般政党系に分類しています。

一般政党系は特定の支持団体が存在しないために、選挙マーケティングは一般有権者の浮動票を獲得することのみに注力しています。よって自民党、民主党系、共産党、宗教系とは選挙戦の方法が異なっています。

一番の違いは、特定組織に対するマーケティング活動を行なわないことです。各党が支持組織を持たないため、組織の意向を気にすることなく政索を打ち出しています（たとえば、同じ民主党系でも、電力総連が支持する国民民主党は、エネルギー政策においては原発の即時停止は訴えておらず、外交・安全保障政策や憲法改正問題では自民党と近い点も多いことです。一方で立憲民主党の支持母体は、自治労（＊9）や日教組（＊10）など公務員系の組織が多いため、エネルギー政策や産業に関しては原発の即時停止を訴えており、エネルギー政策においては共産党とも近い点がある、など）。

以上のように政党所属の現職議員が強いのは、このような理由から、ある程度の票数を獲得できることです。しかし、新人でもベテラン議員でも白地のマーケットがあります。それが浮動票です。つまり特定の党を支援しない人々です。

日本では約半分の市民は特定の政党を支持していません。この白地の50％を新人は選挙マーケティングにより票を獲得しているというのが重要な点なのです。

＊9　公務員の労働組合
＊10　教職員の労働組合

もちろん、ベテラン議員も所属する政党の支持者のみをターゲットにしているのではなく、浮動票にもアプローチします。では、オーソドックスな浮動票へのアプローチはどのように行われているのかを説明しましょう。

その6　浮動票のマーケティングについて

各党がそれぞれ、自らのメインターゲットを持っており、メインターゲットに合致する政策を打ち出しているのは、ある意味、正しいマーケティングが行なわれている証拠といえます。しかし、これはあくまでも固定票であり、各候補者は、自身が所属する政党から公認されても一定票しか集票することはできません。当選するには、「固定票プラス無党派層」からどれだけ集票できたかが、当落の結果を大きく左右します。

私は政党に所属していますので、すでに分類された所属系統を支援する団体に対して政策を訴える活動のなかでマーケティング活動も行なっています。しかし、どの政党に所属する議員であっても、所属する政党の支援団体のみでは当選は難しいのが事実です。そのために各候補者は、最大のマーケットである浮動票に対して選挙マーケティングを行なっていく必要があります。

その７　浮動票を集票する候補者の選挙活動について

政党に所属する候補者は、所属政党を支持する団体に集票を依頼します。無所属でも政党所属候補者であっても、浮動票に対するマーケティング活動はほぼ同じです。

具体的には、人が集まる繁華街や駅前で演説を行なったり、自分の知り合い宅を個々面接したり、演説会開催告知ポスターを街中に貼ったり、街宣車で選挙区を回ったり、自分が作成した政策パンフレットを配布して候補者の政治理念や政策を訴えています。

選挙マーケティングの定説として「地盤、看板、カバン」という用語が使われます。

「地盤」とは、候補者を応援する組織や団体があるのかどうかが重要であるという意味です。現職議員や政党に所属する候補者には一定の固定票があります。しかし新人や無所属の場合はこの地盤がないために、当選するハードルは非常に高くなるのです。

次に「看板」ですが、これは知名度のことをいいます。現職はすでに選挙区において有名であり、議会の発言内容が「議会だより」などの新聞広報で市民に広く告知されています。また地域で開催される公的な式典にも来賓として招かれるため、挨拶や紹介により広く有権者に知られる機会が与えられるのです。看板においても、新人候補者は現職より圧倒的に不利であるといえます。

最後に「カバン」ですが、これは選挙資金を表現しています。公職選挙法（＊11）により、以前に比べると選挙にお金がかからない傾向にあります。しかし国会議員の選挙戦では数千万円、都議会議員で1000万円程度、市議会議員で300万円程度と、一般市民の感覚からすると依然として多額の費用がかかるのが現実です。

そこで、政党に所属する、もしくは公認された候補者には、政党から公認料という選挙資金が与えられます。また、各種団体から推薦された議員は、さらに団体からも寄付がなされるため、それ相当の金額を得ることができます。

一方で、無所属や新人はすべての選挙資金を自分でまかなうため、金銭的な負担は大きいといえます。立候補するにあたり、選挙費用とは別に一定金額の供託金を国庫へ納付を行ないますが、一定の票数が獲得できない場合、供託金は国庫に没収されますし、選挙ポスター、証紙ビラ（２０１９年の統一地方選挙から）、選挙カーなどの公費負担分は自己負担になってしまいます。

このような状況から「地盤、看板、カバン」がない人が立候補して当選する確率は低く、さらに新人や無所属の場合は相当に当選のハードルが高いのが現状です。また先ほど述べたように金銭的な負担が大きいので、選挙をするためのリスクは高いという面も確かにあります。

このような現状を知ると、「地盤、看板、カバン」がない新人や無所属は当選できないのかと感じますが、そういうことはありません。有権者の投票行動を正しく理解して選挙マーケティングを行なうことで、当選という2文字は確実に見えてきます。

過去に当選した無所属、新人の立候補者は有権者の投票行動を適切に理解し、行動に移していたので当選できたのでしょう。

もっとも、ＩＴ技術が進歩した現在においても、有権者の投票行動については科学的に解明されてはいません。選挙のたびに候補者の属性が変わり、再現性がないことから過去の経験値を検証されることがないのです。データを採取したとしても、なんとなく選挙マーケティング

＊11　公職（国家公務員、地方公共団体の議会の議員、首長）に関する定数と選挙方法について定めた日本の法律。

を行なっているに過ぎません。過去の経験値から効果があると想定し、多くの候補者が行なっている代表的な選挙活動としてのマーケティング活動をご説明します。

①駅前での演説

浮動票は、一般ビジネスマンが多いといわれています。多くは、電車を使って通勤をしています。そのビジネスマンと接点を持てる場所が駅の改札口前であるため、候補者は通勤時間帯の7時から8時前後に駅前で挨拶や活動レポートを配布することを含めた街頭演説を行なっています。

そもそも候補者のマーケティング戦略のなかでは、固定支持者や支持団体に所属する有権者などヒューリスティックな選択をする有権者を除き、普通の有権者は政策などには興味がない、聞いていないという前提があります。

MAOの観点でいうと、政策に対する動機づけが低く、政策をあまり重視しない有権者には、「政治家や政治のことはよくわからないが、毎日駅前に立つのは、根性のある人だ。こういう人は信用したい」、もしくは、「所属している政党は好きではないが、寒い中でいつもがんばっているから応援したい」のように、政策よりは、その人間性などに感情を動かされて、「この人に投票しよう」といった判断を行なうと想定されています。

加えて、候補者が通勤者と同じ空間を同じ時間に共有することも、感情的な判断を促進させるといわれていいす。このような浮動票層（＊12）には、理屈ではなく感情にどう働きかけていくのかというマーケティングが定説です。

②街頭演説会告知ポスター

街頭演説会告知ポスターは、政治の世界では2連ポスターだとか3連ポスターと呼ばれています。このポスターは、演説会を告知するものですが、候補者本人の代わりに影武者のように活躍してくれる存在です。ポスター掲示は「ヘビーローテション効果」や「サブリミナル効果」もあると考えています。

日常生活の中に、意識していなくても生活者の視覚内に党名やロゴ、候補者名やアイコンなどが常に入ってくるような環境を整えると、無意識のうちに刷り込まれる効果があると考えられています。

そのポスター制作では、本人の写真うつりやキャッチコピーにこだわり、時間をかけてデザイナーと打ち合わせをします。具体的には、若々しさや健康、爽やかさ、誠実さなど、プラス

＊12　支持政党もなく、投票する先が明確でない有権者たち。

のイメージを有権者に与えられるように、専門のプロカメラマンに撮影をお願いします。しかし、本当に前述のようなイメージがプラスに働いているのかは検証されたことはなく、これも長年の経験から、効果があると想定されたにすぎない活動です。

政治家たちが口々に語るのは、「有権者との接点を増やすことが最善の策」ということです。駅頭演説で候補者を見た。街中で演説をしていた。ポスターを見た。街宣車で遊説しているところを見た。会合で候補者の演説を聞いた。パンフレットで候補者を見たなど、有権者にとって候補者との接点が増えると、有権者は投票する可能性が高くなると信じられているのです。繰り返しになりますが、このような投票行動は、経験値からいわれることであって、科学的な分析や証明をされたものではないのですが。

また、もう一つ、政治家たちの間でいわれているのは、候補者との共通点が有権者の投票行動に影響を与えるという説です。たとえば、同じ出身地、住んでいる街が同じ、出身校が同じ、趣味が同じ、同じコミュニティに所属している（サークルや勉強会）など、候補者と有権者の共通点の多さも投票行動を考えるうえで重要であると信じられています。

政治家の名刺やホームページ、政党号外のパンフレットに出身地や出身校、所属する組織名を多く記載しているのは、その証拠です。しかしこれも、科学的な根拠が証明されたことはなく、議員たちの経験値で語られているに過ぎません。日本の選挙では、このような非科学的なマーケティングがいまだに信じられているのです。

とはいえ、有権者との接点チャネルを増やすことで有権者が親しみを感じて投票すると信じられている点は、マーケティングの理論で説明できる点はあります。消費者行動研究では、低関与の消費者は繰り返し接触することで、好意的な感情を持つようになるという単純接触効果が重要といわれています。

コラム4　新倉教授とA研究生の会話「高関与、低関与」

A研究生　先生！　鈴木議員が、低関与とか高関与の話をしているんですが、マーケティングでは、低関与や高関与とは何をいっているのでしょうか？

新倉教授　今回は関与ですね。これはとても重要な概念なので、最後まで、しっかりついてきてくださいね。関与とは、簡単にいうと「ある製品カテゴリーや特定ブランドに対する、感情的ないし心理的な結びつきによって生じる、思い入れやこだわり」のことをいいます。Aさんって、確か演劇が好きでしたよね。

A研究生　はい、ミュージカルからオペラまで、全部大好きです！　新国立劇場から劇団四季にいたるまで語り続けますよ。たとえばあの役者さんは…

新倉教授　はい、どうも！　それは「演劇に対して関与が高い」、言い換えれば「演劇に対してこだわりや関心が高い」といえます。それでは、テレビ番組はよく観ますか？

A研究生　いや～まったくです。たまにニュースを観るくらいで、ほとんど観ません。興味がなくて。

新倉教授　ほう、それは「テレビ番組に対して関与が低い」、言い換えれば「テレビ番組に対してこだわりや関心が低い」といえますね。

A研究生　なるほど！

新倉教授　もっと簡単に言うならば、「ハマり度合い」とでもいいますかね。たとえば、演劇に行くとき、どういった基準で決めていますか？

A研究生　ネットで劇場の演目を探して、演者もみて、行く価値があるかな？とか。好きな演目だけど演出がイマイチっぽいな……やめとこうかなとか、いろいろ考えて決めますね。

新倉教授　テレビはどうですか？

A研究生　新聞のテレビ欄も見ないですし、ニュースも朝と夜のご飯のときだけ……。

新倉教授　Aさんは、関与の高い対象については多くの労力を割いて、情報の探索や解釈を行なっていますね。でも関与が低い対象には、まったく時間も労力も割かないようですね。つまり関与って、そういうことなんですよ。

A研究生　先生の解説、わかりやすいです！

新倉教授　ぜひとも、消費者行動研究についても高関与になってくださいね。

③ 個々面接

個々面接（＊13）は、政治の世界では最も強力なマーケティング施策と位置付けられています。支援者宅を訪問した際、とくに相手の話に耳を傾けるようにと教わります。人の話を聞いてくれる人は、相手のことを好きになるというのが理由だからです。

また、訪問した際には、可能な限り握手をするようにと教わりました。理由は、ボディーコミュニケーションが有権者の投票行動を動かせることができると信じられているからです。とくに年齢が高い層には有効であるといわれてきていますが、これも科学的な根拠はないのです。

④ 政党と政党の政策を訴える街宣車

選挙期間前の活動は公職選挙法で禁じられていますので、候補者本人を売り込む行為はできません。しかし、政党と政党の政策を広報する街宣車の運行は禁止されていませんので、やることはできるのですが、その条件で一週間から二週間のレンタル料、約１００万円のコストをかける必要があるのかは判断がわかれるところです。

費用対効果で考えると、走行中は「動く看板」という効果と街宣車を使ってそのまま街頭演説をするための「ステージ＆機材」がそろっていることも効果の一つと考えます。

なぜこのような疑問を持ちながらも行なうのか。理由は他の候補者がやっているのに自分がやらないという恐怖心や劣等感が一番の要因ではないかというのが私の感想です。また論理的に説明するのであれば、有権者との接点を増やすために、交通が不便な地域では、街宣車が能力を発揮するからであると推測しています。

⑤ 政策リーフレット

政策リーフレットの配布は、本人が立候補することを匂わす内容は事前活動にあたり、禁止されています。配布可能な方法として、政党の定期発行の機関紙を号外として出しているものがあります。また、政策リーフレットそのものが政治家たちの間でも読まれていないと認識されているところもあり、街宣車同様、意見が分かれるところです。

政策リーフレットには候補者の公認告知と合わせて候補者本人の経歴を掲載することが多く、有権者が読んでいるという意見もあります。候補者が政策リーフレットで自身の経歴をたくさん記載するのはそれが理由であると推測されます。

リーフレットはあまり読まれていないとはいえ、記載される政策に関しては、候補者は各世代で集票できるような政策をまとめて掲載しています。具体的には、20代の若年層には雇用対

＊13　有権者宅へ個別で訪問する行為。選挙期間中の個別訪問は禁止である。

策の政策、子育て世代の30代～40代には教育や子育てに関する政策、40代～50代には税制度・親の介護に関する政策、60代以上の非現役世代に関しては、年金や医療の政策など、各世代で抱える課題を解決する政策をバランスよくまとめています。

その結果、どの候補者も金太郎飴のような「誰の政策をみても変わらない」という現象が生じているのです。本来は、有権者に対してマーケティングを行なうのであれば、ライバルとは違う政策で年齢層ごとにターゲットを意識してコミュニケーションすべきですが、全員が同じように全世代に向けた政策を訴えているのが現状です。

その8　旧態依然とした選挙マーケティングの課題について

「地盤、看板、カバン」が現在の選挙では重要になるといいました。このような選挙制度では、現職や二代目や三代目の議員候補者が優位となる仕組みになっていて、サラリーマン出身の新人候補者の当選は、夢のまた夢、になりかねません。

また、古くからの選挙マーケティングの慣例に従って効果の程度もわからずに活動を行なっているため、候補者は雲をつかむような感触で活動を行なっているのが現状です。

実は、古い慣習の選挙マーケティング方法には独自のビジネスが存在しているのです。ポスターやリーフレットをつくる印刷業者、街宣車を貸し出すリース会社など、選挙では莫大なお金が動くので、選挙を生業とする業者が多いのも事実です。最近では、選挙プランナーという肩書で、選挙の一切をコーディネートしてコンサル費用を稼ぐ職業も存在します。各マーケティング施策のコストは概ね次のような費用になります。

①ポスター費用

ポスターは、演説会開催告知ポスターと選挙期間中公営掲示板に掲示する選挙本番用ポスターを製作します。まずは、ポスターやパンフレットを制作するためにはデザイン会社にデザインを依頼し、印刷会社に印刷を依頼しなければなりません。

選挙用のポスターは通常の単価で１枚５００円から１０００円。５００カ所に貼る場合、ポスター代だけで50万円くらいになります。選挙本番用ポスターは公費ですので、公費上限までに金額を抑えられればいいのですが、選挙期間中にポスターの貼り替えなどにより上限を超えてしまったら、超えた分は自費となります。

②リーフレット、およびリーフレットの配布費用

作成するリーフレットの数は、有権者の数によって部数が変わります。仮に15万人くらいの市であれば、有権者（18歳以上の人口）は12万人程度です。

リーフレットが一部10円で12万部を作成するとなると１２０万円。有権者の自宅に全戸配布するとなると（配布代は1軒5円で計算）60万円がかかります。

全戸配布を2回行なうと、(リーフレット代金１２０万円×２回)＋(配布代金60万円×２回)＝合計で３６０万円かかります。

③街宣車

街宣車には、

・選挙前に地域を運行させながら、政党や政党の政策を広報する街宣車

・選挙期間中、候補者の名前、公約を広報しながら地域を運行させる街宣車

があります。

前者はあくまでも政党としての街宣車になりますので、政党や政党支部が車本体のレンタル代と街宣車用の看板作成費用、天井部に看板を設置する費用を負担してくれます（＊政党によりけり）。すべて含めて2週間で１００万円程度です。

ウグイス嬢や運転手がボランティアで集められない場合は、人件費が加算されます。後者は看板を含めた街宣車のレンタル代、運転手の人件費は公費で賄われます。しかしウグイス嬢の人件費についてボランティアを集められない場合は自費負担になりますが、一日上限1万５０００円で雇うことができます。

④事務所看板代

公職選挙法で許容されているサイズの看板に、許容された枚数だけ配置する事が認められています。規定の枚数を作成し、合計でおおよそ看板作成で30万円から50万円程度になりますが公費ではありません。

⑤事務所費用

選挙を行なうために使う事務所も、たとえ短期であっても数十万の費用がかかります。またボランティアとして事務をしてくれる人がいない場合は雇うことになります。

⑥その他（電話代、光熱費、備品代、消耗品代など）

意外と支出が多いのは電話代です。定額制の回線を使うなど電話代を抑える方法はありますが、一定料金かかることは覚悟しなければなりません。また、事務所の広さにもよりますが、夏冬は冷暖房費が相当かかります。

備品については、テーブル、いす、ホワイトボード、FAX、モバイルルーターなどレンタル費用がかかります。消耗品代は文房具類、お茶、茶菓子など必要経費が発生します。

いかがでしょうか。これだけの莫大な費用を候補者が負担して、当選の保証がない世界なのです。多様化が叫ばれる昨今において、もっとも新規参入がむずかしいマーケットであるといえます。そもそも300万円程度の費用がかかりますが、選挙期間中の生活費用も考慮する必要があります。

事前活動は公職選挙法上認められていません。しかし、市議会議員選挙をめざすのであれば3カ月〜6カ月の準備期間が必要といわれています。現職や地盤、看板がある候補者は3カ月でも戦えますが、新人の場合は半年間の時間が必要でしょう。

この半年間分の生活費を別途用意することを考えると、1000万円程度のお金が用意できないとチャレンジすることは難しいのです。普通のサラリーマンであればハードルの高い金額です。さらに恐ろしいことに、落選すれば、これらは何も戻ってこない金額となるのです。

このようにハードルが高いため、多様性が求められる議員の世界にもかかわらず、人材が偏ってしまうのが実態です。地盤がある議員秘書経験者、もしくは特定の団体から推薦された者、看板でいえば、芸能人や有名人、カバンであれば会社経営者や地主などが優位とされます。

最も優位なのは地盤と看板、カバンが最初から整っている議員の子どもたちです。議員に二代目議員や三代目、四代目議員が多いのには、こうした理由があるのです。

また地方議員の場合は、世襲議員や会社経営者、地主などが多い傾向にあります。特に自民党議員にはその傾向が特徴的に表われています（民主党系議員も存在するが、日本共産党や宗教系での存在は稀といえます）。

しかし、無所属や新人であっても有権者の投票行動を正しく認識して、科学的な分析によって有権者の投票行動にマッチした選挙マーケティングを実施すれば、当選確率はあがります。

それでは、どのようなアプローチがよいのか、大学院で研究した論文データをもとにお話ししましょう。

その9　大学院で研究調査した選挙マーケティングについて

ここでは、大学院で行なった調査の説明をします。

【調査の背景】

候補者や党によって、現在、繰り広げられているこれまでの選挙活動に関する疑問や課題にアプローチしながら、「有権者は候補者をどう品定めしているか」という情報によって有権者のニーズを特定化することができれば、候補者サイドはそれに合わせたマーケティング施策を打つことができると考えました。

有権者を消費者、候補者を商品と見立て、マーケティング・マネジメント・プロセスを応用すれば、選挙活動は、より具体的で意味のあるものになるはずです。この前提に立ち、まずは、有権者が候補者のどのようなところを見て選ぼうとするのか、実態をとらえたいと考えました。実態がわかれば、それに即して候補者マーケティングについて戦略が構築できると考え、次のような調査を実施しました。

ここでは、前章で定義したように「マーケティング」の効果が望める有権者について調べるため、強固に組織化（具体的には政党の党員や宗教系を支持するなど）されておらず、人物には一切興味がないという人ではなく、「人物」に多少なりとも興味がありそうな有権者を調査対象とすることにしました。

【調査設計】

・アンケートのタイトル
「選挙で選びたい候補者像について」
・調査方法
インターネット調査（１１５０人対象）
・調査内容
１．スクリーニング調査　投票経験、投票先の決め方
２．本調査　投票したいと思う候補者像の詳細
・対象者条件と回収数のデータ
１・スクリーニング調査
※大勢の対象者の中から特定の条件に当てはまる対象者を抽出する

１．スクリーニング調査時の調査対象者

調査対象者：首都圏在住の　18〜79才男女（未既婚比率は実勢に応じて割付）

有効回収数	18-29才	30-39才	40-49才	50-59才	60-69才	70-79才	計
男性	95	94	93	99	102	103	586
女性	75	91	102	99	101	96	564
計	170	185	195	198	203	199	1150

ために本調査の前に行なう調査のこと。今回の調査ではまず１１５０人にスクリーニング調査を行ない、その中の４０４人を本調査の調査対象者として抽出しました。

２．本調査

・調査実施期間：２０１９年

・調査実施機関：

株式会社マーケティング・リサーチ・サービス

【調査結果】

浮動票の中心は40代、50代

浮動票の中心は40代、50代の女性です。

40歳~59歳の女性たちは政党をさほど気にしていません。人物で判断しています。

2．本調査時の調査対象者

調査対象者：過去に投票経験があり、人物を気にして、自分で決めて投票する人。

（※先着順）

有効回収数	18-39才	40-59才	60-79才	計
男性	60	62	79	201
女性	60	71	72	203
計	120	133	151	404

一方で、一定の政治に対する情報（政治に関する知識）が入っているマーケットである60代、70代の男性にいくら、あなた本人の良さをアピールしてもに投票する可能性が低いのです。

データを見てもおわかりの通り、理論とマーケティング調査が一致しています。理論では、政治に対する情報量があまり入っていない層には、男性であっても比較的若い世代では政党よりも候補者本人を選ぶ傾向があります。

少し想像してみてください。

右派とか左派、保守、改革といっても、よくわからないですよね。「何となく、自民党に任せていれば多少の問題はあっても、うまく国や地域を切り盛りしてくれるだろう」とか、「民主党系には政権運営能力はないがチェック機能としては必要だ。それが、維新や社会党でも大差はない。逆に特殊な政党はよくわからない」といった感じではないでしょうか。

候補者がしっかりと有権者にマーケティングを行なわないと、政党のイメージで投票されてしまいます。その確率は政党支持率の数字です。仮に１００人いれば、自民党に30人程度が投票し、立憲民主党には7人程度が投票し、その他の政党には1人から3人程度の確率で投票します。

あなたのマーケティングアプローチによって投票行動が変わる層、つまり40代～50代の女性、もしくは若年層の男性に対してしっかりと自分を売り込む事が浮動票を獲得することになるのです。数字の中身を具体的にみていきましょう。

【投票行動の実態（1150名でのスクリーニング調査より）】

調査の対象者について、18歳〜39歳までを「若年層」、40歳〜59歳までを「中年層」、60歳〜79歳までを「高年層」と表記しています。

① 投票を考えるとき参考にする情報（複数回答）

図1、図2（次ページ）が示すように、投票を考えたことがある人（1024人）でみると、「家庭に配布される選挙公報紙（全候補者が記載されているもの）」と「選挙ポスター」が、他の項目より抜きん出ています。

「選挙公報紙」や「新聞の選挙関連記事」など紙媒体が高年層になるほど参考にされている中、「選挙ポスター」は若年になるほど参考にされる割合が高くなっており、意外に重要媒体であることが確認できます。また、「家族の話」「知人の話」といった口コミは、男性よりも女性が参考にしている傾向がみられることがわかります。

投票を考えるとき参考にする情報（複数回答）

図２：年代別　　　　図１：男女別

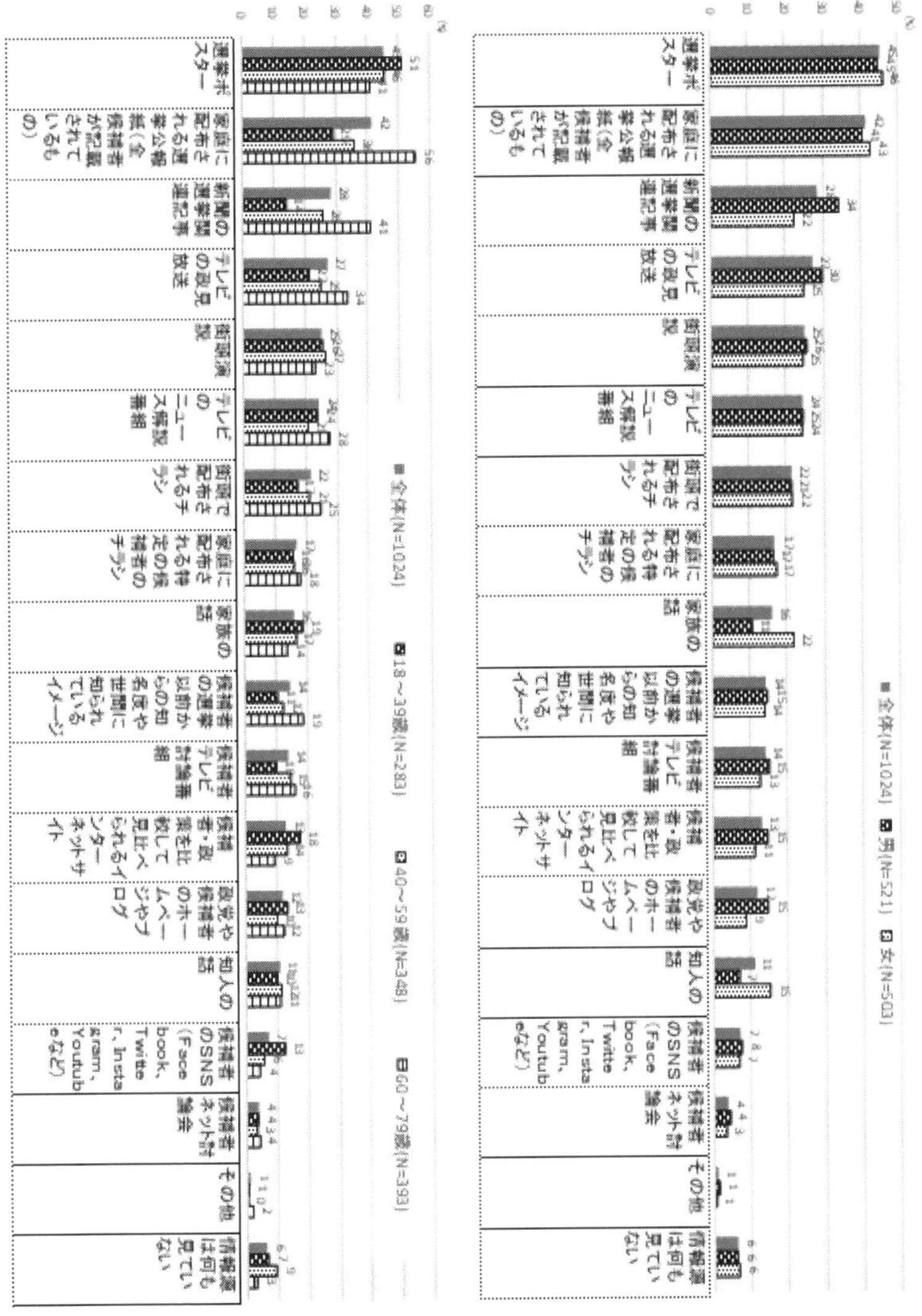

②選挙で「政党」と「人物」どちらを重視するか（単一回答）

実際に投票経験のある人（９９６人）にしぼって、「政党で選び、人物は一切気にしない」という割合を見ると（図３）、一番高かったのは、意外にも若年層で、「人物で選んでいる」と自覚しているのは男性より女性、女性の中でも「40〜59女性」であることがわかる。

③投票先を自分で決めているか（単一回答）

若年層では、「自分では考えず、親や知人に頼まれた候補者に投票」する人が少なからずいるようです（図４）。

自分で決められない人には、年長者な

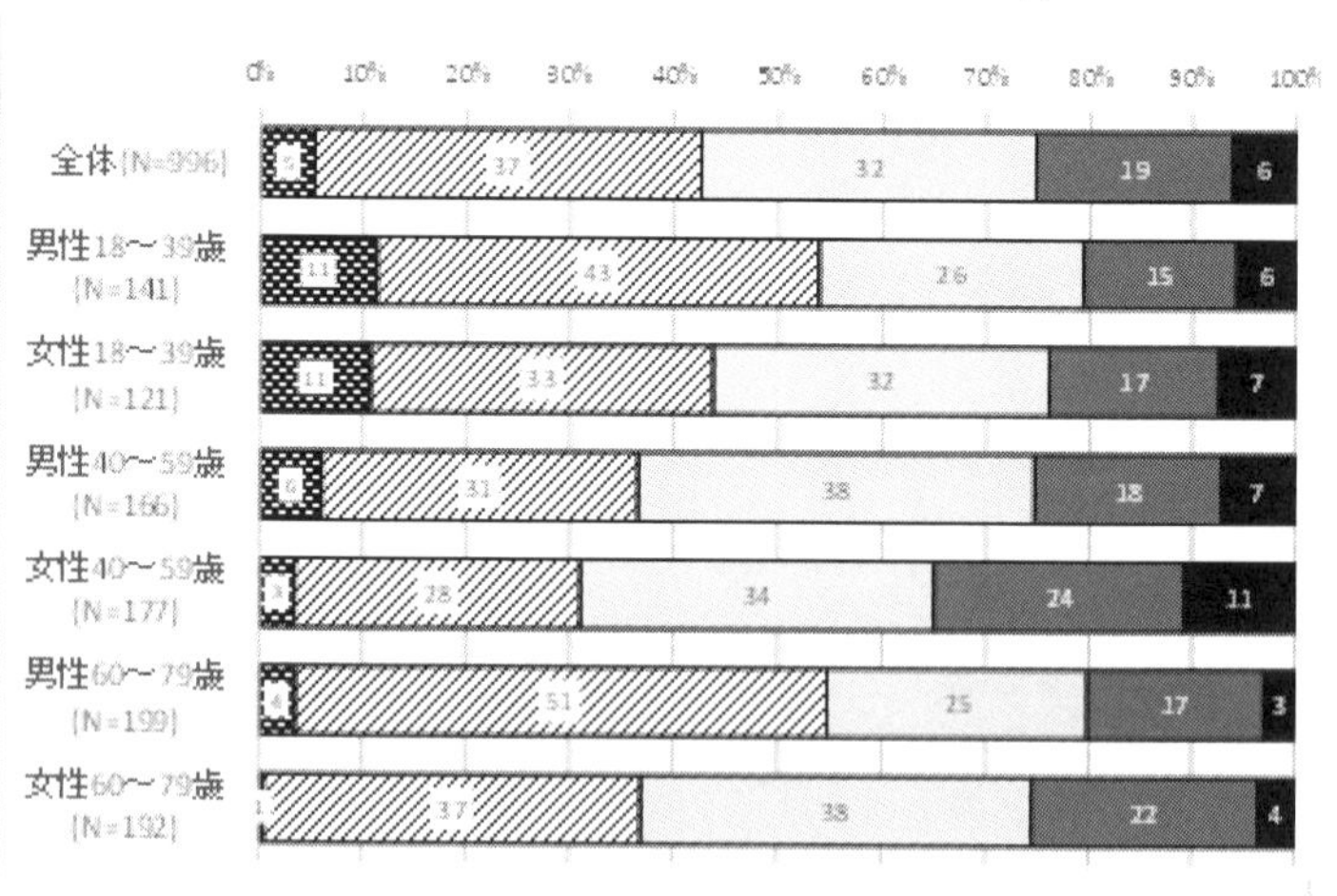

図３：選挙で「政党」と「人物」どちらを重視？（単一回答）

どの「○○党に投票したら？」というアドバイスが投票に結び付いているようです。「最終的には自分で決めるが、親や知人の勧めを参考にする」という割合をみると、男性よりも女性が人の意見に耳を傾けている傾向がうかがえます。

投票経験者から、「だれに投票するか自分では考えない人」、「政党で選び、人物は一切気にしない人」を、候補者のマーケティングにおいて「効果が出にくい層」として除外すると、９１０人がスクリーニングを通過しました（つまり、投票経験者の中で「少しでも人物をみて自分で投票する人を決める」という人は、91・3％）。

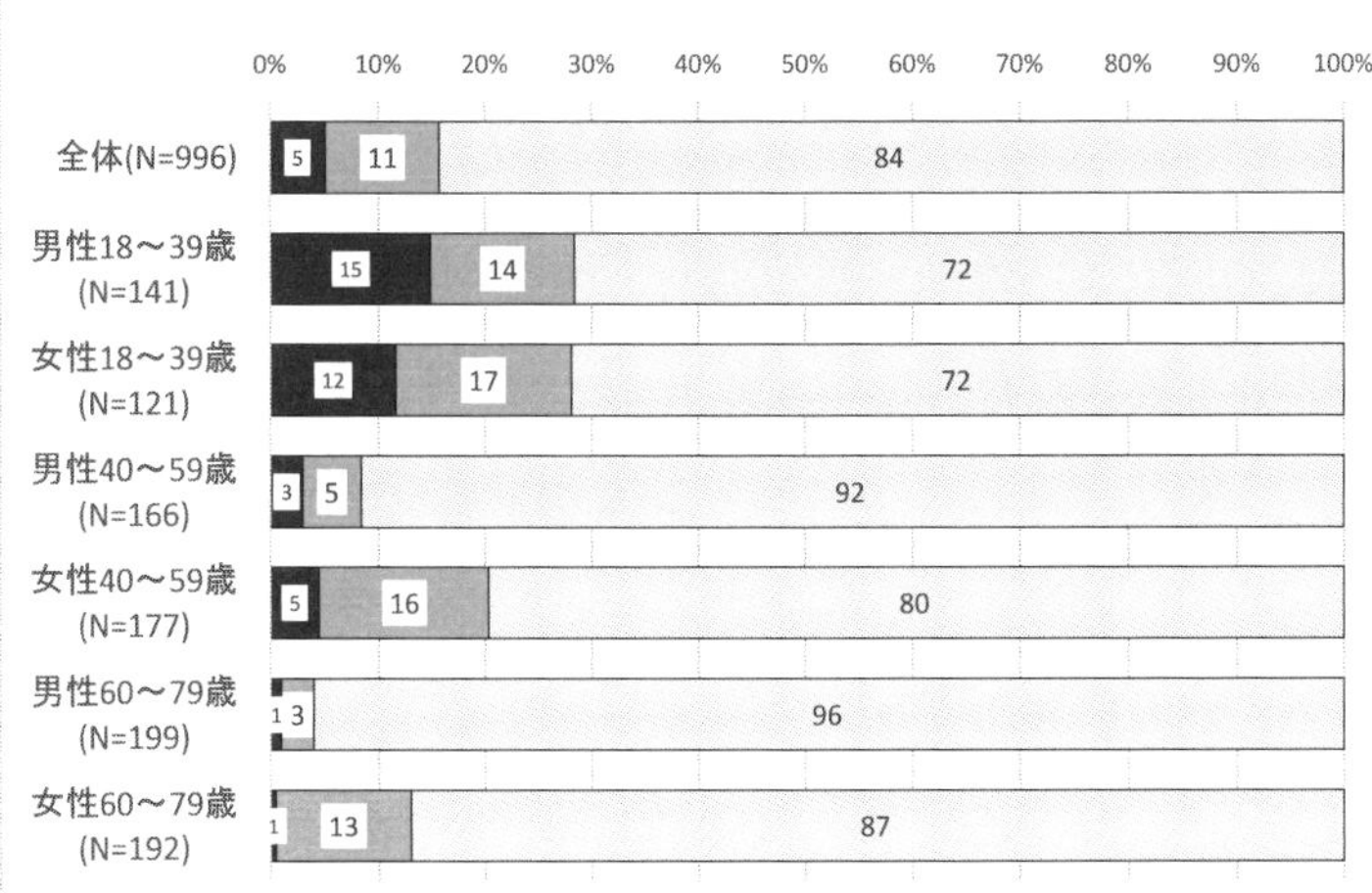

図４：投票先を自分で決めているか（単一回答）

本調査ではスクリーニングを通過したなかから、先着順に性年代層を割り付け、４０４名を対象者としました。ここからみえてきたのは、年齢や性別によっては人気のある政党に所属していなくても、あなたの努力により票を獲得できるということです。

回答者のクラスタ化（４０４名での本調査より）

候補者のマーケティングを考えると、有権者には人物（商品）に興味を持ってもらうことが必須だと考え、本調査の「議員になってもらいたい候補者の人柄・性格」への反応を用いて、因子分析を行なうことにしました。

この質問は、複数回答で回答を得たので、カテゴリカル因子分析を用い、最尤法・プロマックス回転を用いて6因子を抽出。因子分析の結果は図5（次ページ）のとおりで、抽出した6因子の説明力は約50％です。

この結果をふまえて、それぞれの因子を構成した主な概念についてまとめてみました。

●因子1（明るい活力）

「元気が良い」「性格が明るい」「さわやか」「親しみを感じる」「ポジティブ」「根性がある」「礼儀正しい」「発想が面白い」「夢が持てる話を語る」「頼りがいがある」（「活動的」「優しい」「気

因子の解釈→	明るい活力	誠実な活動力	穏やかなやさしさ	個性のある主張力	柔軟なコミュニケーション	育まれたスマートさ
	因子１	因子２	因子３	因子４	因子５	因子６
元気がよい	0.748	0.031	-0.122	0.082	-0.115	0.029
性格が明るい	0.658	-0.089	0.004	0.006	0.159	-0.036
さわやか	0.511	-0.141	0.105	0.067	0.003	0.146
親しみを感じる	0.476	-0.037	0.244	0.039	-0.100	-0.008
ポジティブ	0.351	0.019	-0.164	0.129	0.312	0.094
根性がある	0.414	0.111	0.080	0.100	-0.038	-0.070
礼儀正しい	0.359	0.146	0.111	-0.127	-0.007	0.164
発想がおもしろい	0.300	0.111	-0.001	0.175	0.076	-0.011
夢が持てる話を語る	0.344	0.039	0.074	0.135	0.014	-0.056
頼りがいがある	0.249	0.100	0.177	-0.158	0.024	0.168
具体的な策を語る	-0.042	0.699	-0.061	0.115	-0.081	0.010
誠実である	-0.073	0.560	0.263	-0.026	-0.068	-0.039
活動的である	0.270	0.425	-0.186	-0.093	0.150	-0.063
常識的な感覚を持っている	-0.139	0.411	0.128	-0.086	0.184	0.062
意思が強い	0.218	0.397	-0.031	0.032	0.031	-0.108
人の話をよく聞く	0.144	0.292	0.240	-0.111	0.007	0.113
穏やか	0.071	-0.003	0.558	0.070	-0.035	0.044
優しい	0.391	-0.180	0.390	0.064	0.052	-0.023
気遣いがある	0.313	0.219	0.305	-0.051	0.046	-0.108
慎重	-0.117	0.070	0.354	0.251	0.201	0.023
声が大きい	0.102	-0.031	0.060	0.489	-0.006	0.213
個性がある	0.216	0.041	0.054	0.481	-0.033	-0.053
コミュニケーション能力が高い	-0.018	0.043	0.001	-0.020	0.678	0.049
柔軟性がある	-0.112	0.144	0.233	0.004	0.351	0.015
フレッシュな感覚を持っている	0.054	0.187	0.142	0.196	0.247	-0.060
頭がよい	0.167	0.032	-0.015	-0.101	0.163	0.416
育ちがよい	-0.009	-0.125	0.155	0.246	-0.015	0.499
論理的である	-0.120	0.413	-0.155	0.191	-0.010	0.355
苦労して育っている	0.277	0.143	0.151	0.061	-0.259	0.083

＊因子抽出法：最尤法　　回転法：Keicer の正規化を伴うプロマックス法

＊因子１～因子６の累積寄与率＝48.2％

図５　議員になってもらいたい候補者の人柄・性格の因子分析

づかいがある」「苦労して育っている」）など。政治家に必要な基本的な人柄が、この因子に集約されているようです（この因子は、説明力の半分くらいを占める最大因子）。

●因子2（誠実な活動力）

「具体的な策を語る」「誠実である」「活動的である」「常識的な感覚を持っている」「意志が強い」（「論理的である」「人の話をよく聞く」）など。思慮深い論理的な人柄を表現できそうな因子。

●因子3（穏やかなやさしさ）

「人の話をよく聞く」「穏やか」「優しい」「気づかいがある」「慎重」（「親しみを感じる」「誠実である」）など。静かで穏やかな対話型の人柄を思い浮かべますね。

●因子4（個性のある主張力）

「声が大きい」「個性がある」（「慎重」「育ちが良い」）など。

●因子5（柔軟なコミュニケーション力）

「コミュニケーション力が高い」「柔軟性がある」「フレッシュな感覚を持っている」（「ポジティ

ブ」「苦労して育つ」にマイナス）など。若いビジネスマンや起業家などを形容するイメージ。

●因子6（育まれたスマートさ）

「頭が良い」「育ちが良い」「論理的である」など。

【クラスタ分析】

６つの因子の得点で回答者を分類したところ、次の分類のような、とても特徴的なクラスタ（＊14）に分けることができました。すべての因子についてマイナス反応を示している「クラスタ1」、因子4以外のどの因子についてもそこそこ反応をしている「クラスタ2」、すべての因子に高い反応を示した「クラスタ3」という3区分です。

・クラスタ1は、候補者の人柄や性格にはあまり関心がない人たち（224人）。

＊14　クラスタとは、もとはブドウやフジなどの花の房や、群れや集団という意味。大きな集団のなかから似たもの同士を集めて、グループに分けていくときによく使用される言葉。性別や年齢層などの基準がはっきりしていないデータを分析する場合に使うことが多い。

図６：クラスタ分析

因子得点平均		クラスタ１ 224人	クラスタ２ 142人	クラスタ３ 38人
因子１	明るい活力	−0.55098	0.34115	1.97307
因子２	誠実な活動力	−0.61450	0.67106	1.11467
因子３	穏やかなやさしさ	−0.45188	0.27927	1.62014
因子４	個性のある主張力	−0.08578	−0.21346	1.30328
因子５	柔軟なコミュニケーション力	−0.57453	0.52684	1.41796
因子６	育まれたスマートさ	−0.41536	0.26327	1.46462
クラスタの解釈→		候補者の人柄や性格にあまり関心がない人たち	どの要素についてもほどほど及第であればよいという人たち	候補者の人柄や性格のすべてに期待が大きい人たち

・クラスタ2は、どの要素についてもほどほど及第であればよいという人たち（１４２人）。

・クラスタ３は、候補者の人柄や性格のすべてに期待が大きい人たち（38人）。

３つのクラスタのうち、選挙におけるマーケティングが一番ひびきそうなのは、全体に占める構成は少ないものの、候補者の人柄や性格に対して期待が高い「クラスタ３」であると判断。研究では、マーケティングを行なうターゲットをクラスタ３にしぼって分析を進めることにしました。

なお、スクリーニング調査の結果をふまえ、今回の調査結果から投票経験者に占める構成比を割り出すと、クラスタ３が8.6％（38人）、クラスタ2は32・1％（１４２人）、クラスタ1が50・7％（２２４人）、投票する人を自分で決めない、もしくは政党のみで人物は全く見ないで決める人たちが8.6％（38人）の構成比で存在すると考えられました。

浮動票を獲得するためのマーケティングターゲットは「クラスタ３」

回答者「クラスタ３」のプロフィール

約66％を女性が占めている。全体の1/3は中年層（40～59歳）の女性。

クラスタ３が投票先を考えるときに参考にする情報源（複数回答）

クラスタ３は、投票の際、参考にする情報が多岐にわたっており、情報欲求がかなり強い集団だと考えられます。他のクラスタと同じように、「選挙公報紙」の割合が高い他、「選挙ポスター」や「街頭演説」の選択率が目立って高い。世間での評判や知人の話などにおいても、他のクラスタとの差が大きいことが確認できました。

【クラスタ３が候補者に求めること】

・候補者に重視すること（複数回答）

「候補者に重視すること」のすべての項目で最も反応が高く、政治家の人柄や性格への期待が高い。「行動力・実行力」の他、とくに「話のわかりやすさ・伝わりやすさ」「見た目・雰囲気のよさ」など、「非常に重要」と答えた割合で他のクラスタと大きな差がありました。

・どんな政策をあげる候補者が望ましいか（複数回答）

どんな政策をあげる候補者が望ましいかを聞いた質問では、「自分の生活にメリットのある政策」を望む割合が他より高かった。年代別に見ると、若年ほど、とくに若年男性で同様の傾向がみてとれます。

・取り組んでほしい課題（複数回答）

取り組むべき課題に関する意識も高く、「減税」「働き方改革」や「地方の活性化」「国防・改憲の推進」「グローバル企業・人材の育成」などで、クラスタ3と他のクラスタとは大きな差がありました。

・望ましい改革のレベル（単一回答）

クラスタ3は、「部分的改革を推進しようとしている人」がよい、と答える割合が高く、個別の課題に取り組む人を支持する傾向があることが推察されました。

・好ましい選挙活動

「好ましい選挙活動」には、「住民との1対1の対話」「ＳＮＳで積極的に発信・返信」「分け隔てなく名刺を渡す」「政党の後ろ盾のない活動」「駅などでの街頭演説」などが強く望まれていること。他のクラスタよりもそれぞれの活動への関心が高いことが確認できました。

【回答者クラスタ３が期待する候補者像（人物仕様）】

・投票したい候補者の性年代（複数回答）

投票したい候補者として、どのクラスタからも支持されたのは「40代男性」。一方で、クラスタ３では、「30代男性」をあげる割合が「40代男性」と同様に高いのが特徴。

・候補者の外見（複数回答）

「投票したい候補者の外見」については、「地味なスーツをきちんと着ている」ことが最も多くから選択され、特にクラスタ３では、その割合が半数を超えていました。クラスタ３で他に高い割合で回答されたのは、「華やかさがある」「背が高い」「ハンサム／美人」「がっちりしている」。他のクラスタよりもルックス面に関心が高いようです。

・投票したい候補者のタイプ（複数回答）

「投票したい候補者のタイプ」には、「よき父親／母親タイプ」「好青年タイプ」に次いで、「ビジネスマンタイプ」「キャリアウーマンタイプ」「スポーツマンタイプ」といったイメージの人が、他のクラスタよりも支持される傾向にありました。

・投票したい候補者の表情（複数回答）

「投票したい候補者の表情」に関する質問は、望ましい選挙ポスターを考察するための質問でした。全体では「親しみやすい笑顔」「意志の強い口元」「控えめなほほ笑み」などが支持を集めました。その一方で、「鋭い眼差し」は予想に反して低く、「目」よりは「口」なのはなぜかという新たな疑問も発生。

　クラスタ3では、「控えめなほほ笑み」や「満面の笑顔」など、他のクラスタよりも笑顔のポスターが好まれる傾

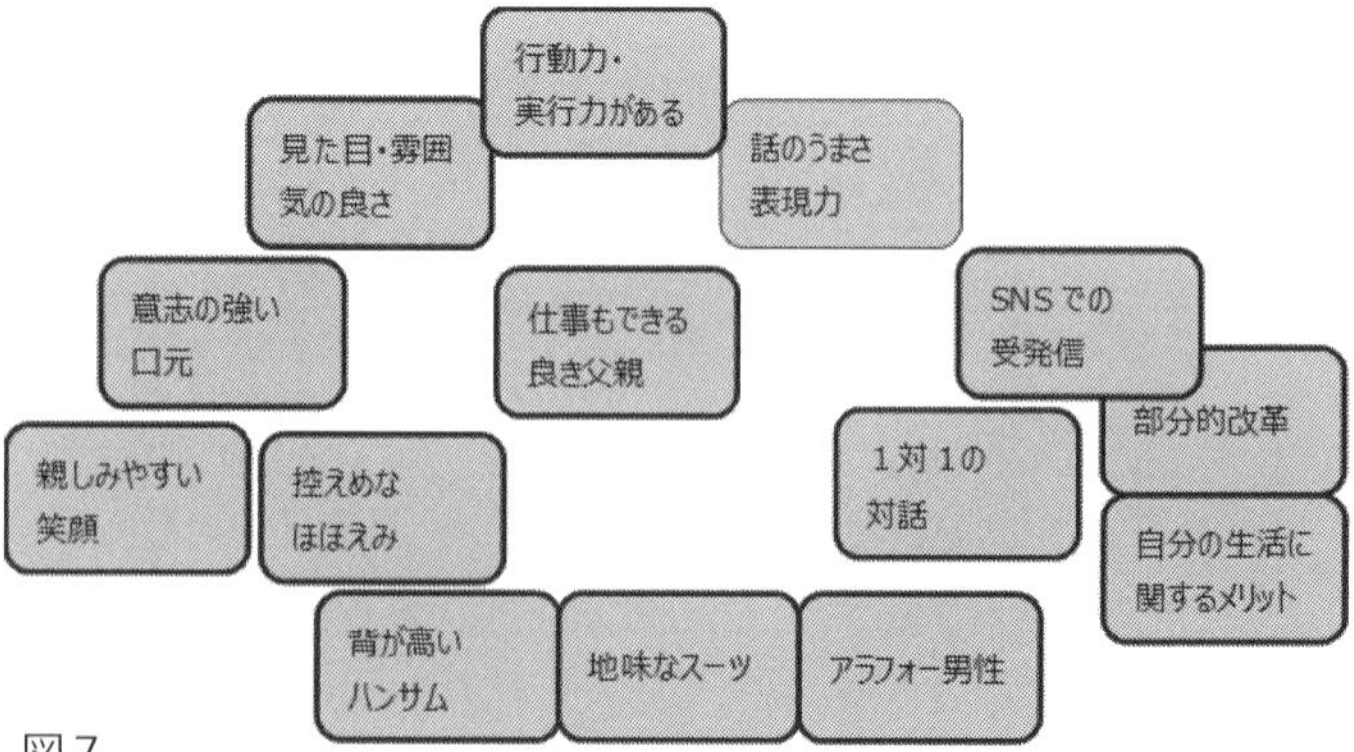

図7

向がありました。

こうした特徴から、クラスタ３の人たちが選びたい候補者を考えてみたところ、図７のような人物像が浮かび上がってきました。どうでしょう。皆さんはどうお考えになりますか。

その10　調査結果を受けての結論
――選挙もプロダクトマーケティングで説明がつく

選挙マーケティングのＳＴＰ

ビジネスマンの皆さんのなかにはコトラー先生の本を読まれた方がいるかもしれません。知っている方には今さらの理論ですが、マーケティングでは、「ＳＴＰ」が重要です。Segmentation（市場を細分化して）・Targeting（ターゲット層を抽出して）・Positioning（ターゲットに対する競争優位性を設定する）です。

今までの分析は、まさにＳＴＰを分析してきたのです。浮動票という市場を細分化しました。

クラスタ３というターゲット層も浮き彫りになりました。ここからは、ライバルになる他の候補者と自分を比較して、何が他の候補者よりもユニークで優位なのかを設定するという作業に移るのです。この作業が「３Ｃ」になります。少なくとも私が大学院で研究した内容でＳＴＰはある程度は理解されたので、次に３Ｃについてお話をします。

選挙マーケティングの３Ｃ

３ＣとはCustomer（市場や顧客のニーズの変化）・Competitor（競合が「Customer」の変化にどのように対応しているのか）・Company（「Customer」と「Competitor」をふまえて自社が成功できる要因を見つける）ということです。

この理論を選挙マーケティングに当てはめると、３Ｃは、Customer（有権者の要望やニーズの変化）Competitor（現職が有権者の要望にどう対応しているのか）Company（自分が成功するには何が必要であるのかを見つける）です。

実際にどうやってやればよいのか、説明しましょう。実に簡単です。現職の政策リーフレット（チラシやインターネット）を机に並べていけばよいのです。議員の学歴や経歴、政策や活動内容が必ず出ています（出ていない議員は皆無ですし、もしそのような議員がいれば、相当におさぼりな議員ですから、その議員が次の椅子取りゲームでターゲットになる議員です）。

そして、入手した政策リーフや議会報告会資料を分析します。分析も簡便な分析方法をお教えいたします。準備するものは、画用紙など大きめの紙と鉛筆。縦と横に線を引いて四つのスペースをつくります（図８）。

たとえば、縦軸に政策のターゲットを置き、横軸に議員本人の年齢を置いたとします。各議員の政策がどのような世代に向けた政策なのかをみます。

介護問題に関する政策であれば、政策のターゲットは高齢者ということになります。次にその政策を訴えている議員の年齢をみます。その政策ターゲットと議員の年齢の合致するクロス点に●印などを付けてプロットします。このような作業を繰り返していきます。

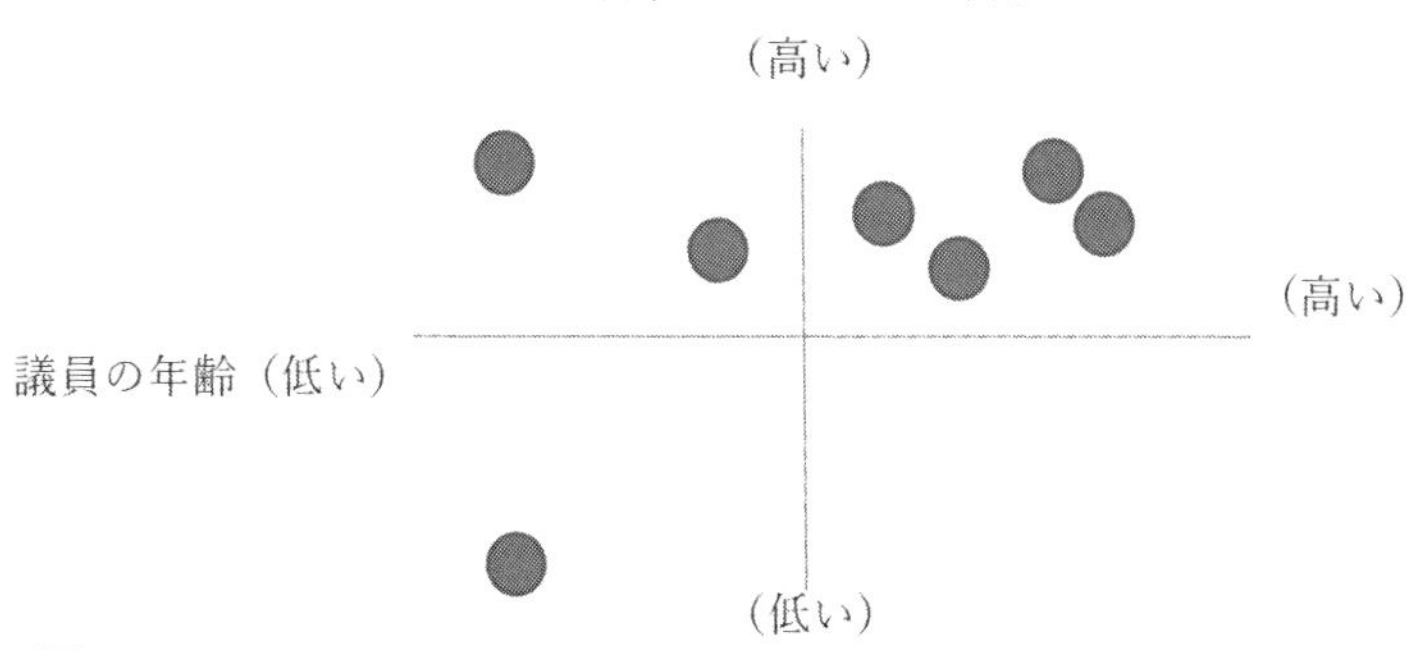

図８

あなたが立候補しようとする市議会などに30人の議員がいれば、30人分をやります。そうすると〝偏り〟がみえてきます。たとえば、図8のようなプロットになった場合、この地域の議員は高齢者向けの政策が多い。右上のボックスは議員も年齢が高いが、政策も高齢者向けです。

このことから、このボックスで同じ政策を言っても、ライバルが多いので難しいということがわかります。仮にあなたが、年齢が高いにも関わらず、若い人向けの政策（図8、右下のボックス）で戦うなら、ライバルは0です。

もちろん、あなたのやりたい政策と合致しなくては意味がありませんが、現状をしっかりと分析することは重要です。縦軸や横軸に決まりはありません。Company ― 自分のやりたい政策ポジションがどこにあるのか ― をライバルと比較しながら客観的にみることが需要なのです。

選挙マーケティングの4P

分析によって、どのマーケットにどのようなイメージを届けることが重要であるかを明らかにできました。仕事でマーケティングに携わったことがある方はわかると思いますが、４Ｐ戦略を立てることが、勝利を収めるためには重要です。

４Ｐとは、Product（商品）・Price（価格）・Place（流通）・Promotion（宣伝）を総合的に

考えて戦略を立案する事です。たとえば、高機能なスポーツシューズ（Product）を、１万円（Price）で、スポーツ専門店（Place）で販売することを、インターネットで宣伝する（Promotion）となるのです。

これは、選挙でも同じ戦略です。Product（候補者）・Price（候補者の価値）・Place（支援団、所属組織、駅前、友人等）・Promotion（リーフレット、インターネット、チラシ、街宣車、個々面接）となるわけです。

選挙マーケティングでは、この４Ｐをしっかりと組み立てることで、現職の議席をもぎ取る事ができるのです。この戦い方に関しては、後の章で詳しく説明します。

回答者クラスタ３に関する考察

まず、商品やサービスの購買意思決定とマーケティングとの関わりを示す図９（次ページ）を参考にして、クラスタ３を考察します。

このセグメント（＊15）は、候補者の人柄や性格についての関与が強く、候補者とのコンタ

＊15　マーケティング用語における「セグメント」とは、購入者の年齢・性別・職業などによって行われる区分のことで、特定の条件をもとに顧客をグループ分けすることをいう。

クトポイントである選挙活動の多側面についての情報探索が旺盛であることは、これまでみてきたとおりです。

ＭＡＯのフレームで考えると、このセグメントは「製品関与」が高まったのではなく、その情報欲求の高さから、もともと人に関する人柄や性格に関しての関心が高いタイプであると考えられます。

能力や知識の面では、各媒体の接触率が高いだけでなく、人柄や性格に関する多くの情報や口コミを自分なりの指標に照らし合わせて、「この人は性格がよさそうだ」「よくなさそうだ」とするのが特徴です。そして、人への関心やそのコミュニケーション能力から、その判別機会を多く持っていると考えられます。

つまり、このセグメントは、これまでの経験をもとにした情報探索により、「どんな人か」を解釈し、「きっとこんな人だろう」という情報の統合を行なう、「高関与・高知識型」の情報処理をするセグメントであると考えられます。

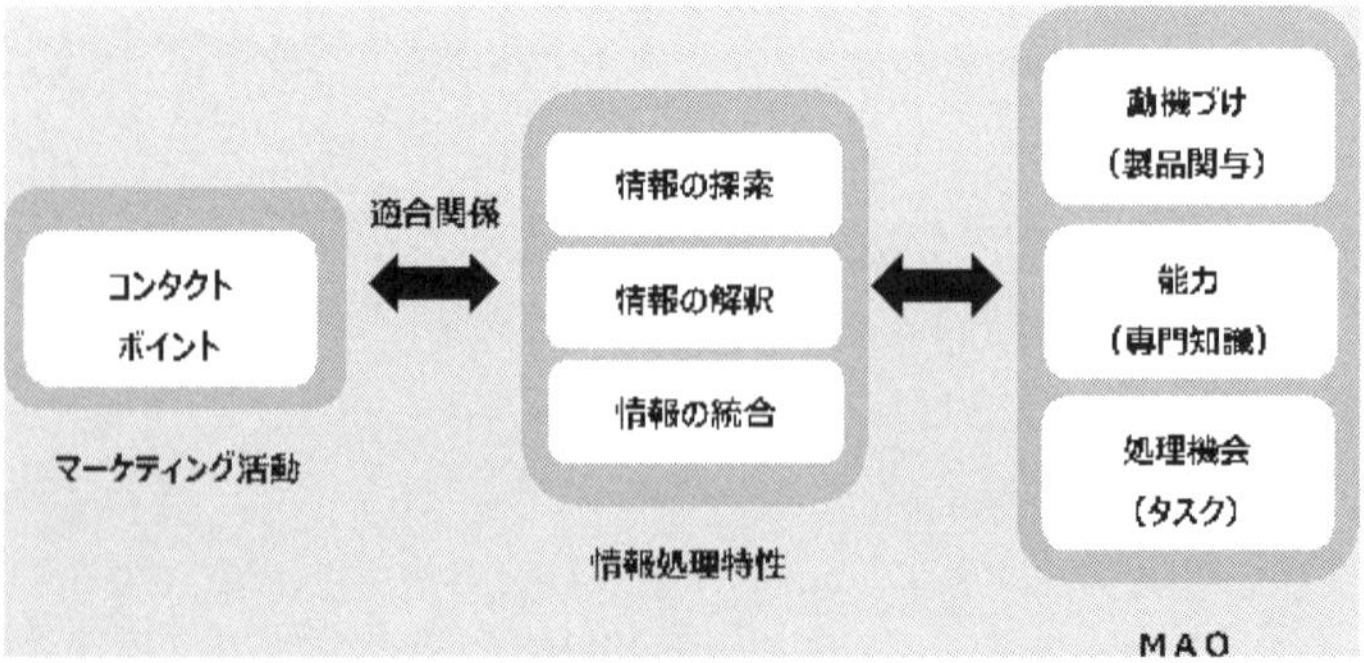

図９：回答者クラスタ３に関する考察

彼らにとっての「製品知識」は、候補者が「具体的に何をした人か」や「何ができる人か」といった属性を指すのではありません。「話のわかりやすさ」「見た目の雰囲気」といった、具体的でない「ふわっとした」ものをとらえることにより、属性を超越し、抽象化レベルの極めて高い「人格」といったものに昇華させているように見受けられます。

人格判断に「高関与高知識型」の情報処理を行なうこのセグメントは、自分の価値に照らし合わせて、対象の価値判断を行なうと考えられます。

「政党の後ろ盾なく、住民との対話やＳＮＳでのやりとりをていねいに行なうような堅実なタイプ」で、「地味なスーツに身を包み、それでいて華やかさを含んだルックス」の「良き家庭人であり、仕事もしっかりこなしそうなタイプ」かどうか、を巧みに嗅ぎ取ろうとしていることがうかがえます。

加えて、このクラスタ３は、「部分的な改革」を推進しようとしている割合が高く、「自分の生活にメリットがある政策」を望む割合が目立って高い「現実主義者」といえます。

候補者を「バリュー・フォー・マネー」で見ることに長けているため、大言壮語よりも身近なベネフィットを提示して相手をすべき人々だという側面が見えてきます。

図10（次ページ）は、消費者の購買行動が、関与と知識の高低でどのような特徴を持っているかを表わそうとしたものです。４つに分けた象限ごとに、情報探索パターン（問題解決のレ

ベル）と価値伝達の方法（プッシュとプルのどちらの戦略が効くか）の特徴を示しています。

今回焦点とした候補者の「人格判断」という情報処理をこの図にあてはめてみたいと思います。

最も高関与で高知識な位置にはクラスタ3、中心からややクラスタ3寄りの位置にクラスタ2、中心から低関与・低知識な側に大きなボリュームをもって存在するのがクラスタ1、そのほかに、自分で考えない・政党のみで決める、つまりは「人物」とは関係のない決定方略（ヒューリスティクス）のみに任せている人たちがこの図の最も左下にいると考えられます。

今回の調査結果から割り出したそれぞれの割合は、クラスタ3は8.6％、クラスタ2は32・1％、クラスタ1は50・7％、「人物度外視」の人た

	低知識	高知識
高関与	不協和解消型 意思決定	クラスタ3 情報処理型 意思決定 クラスタ2
低関与	クラスタ1 習慣型 意思決定	多様性追求型 意思決定

図10：４つの意思決定パターン

ちは8.6％。

候補者の人格への期待が薄い有権者が半数以上を占めるという状況において、情報欲求が高く、人格という深いところを捉える能力を備え、自分に価値がある人物かどうかを判断するクラスタ３は、「高関与・高知識型」の情報処理を想定した候補者マーケティングが展開できる、重要なターゲットセグメントであるといえるのです。

クラスタ３は8.6％ですが、私が出馬した２０１９年の地方統一選で実際に当てはめると、東村山市の人口が15万人、選挙権のある有権者は12万人です。投票率は約50％で、実際の投票総数は約６万です。議席数25を争いました。

トップ当選は３８７３票、最下位当選は１４２７票です。8.6％という数字は、東村山市で実際の投票数で割合を計算すると５１６０票になります。理論上では、このクラスタ３をマーケティングにより取り込むことができれば、トップ当選になります。

この数字は、東村山市に限った理論ではありません。通常、政党の選挙対策本部では、地方統一選挙の場合は候補者一人当たり２％〜３％の支持率があれば一人当選できると計算しています。地域によって差がありますが、自民党の場合は、当時の支持率が28％だったので10人程度が当選でき、立憲民主党は７％だったことから２、３人が当選できると想定されていました。実際に東村山市では、自民党が８名で立憲民主党は２名でした。

コラム7　新倉教授とA研究生の会話「関与と知識」

A研究生　先生！　鈴木議員が、関与と知識といっていますが、よくわかりません。

新倉教授　関与は前にも少し解説しましたね。消費者の情報処理能力と知識には密接な関係があるといったのを覚えていますか？

A研究生　う～ん、なんとなく……。

新倉教授　日本の家電が「ガラパゴス」といわれたことがありますよね。日本のビデオデッキは機能が豊富過ぎて、一部のマニアを除いて、使いにくくてウケが悪かったワケです。機能が豊富なのに、どうしてウケが悪かったのでしょうか。

A研究生　興味のない人にとっては、機能が多すぎて、面倒だった……？

新倉教授　そう。開発者や関与の高い消費者にはウケがよいかもしれませんが、関与の低い消費者にとっては面倒なだけですからね。多くの機能について、情報処理をする動機づけのがないのですから。だから、情報処理について負担感を感じてウケが悪くなり、満足度が低くなるという構図になるんですよ。

A研究生　そうか！　関与が高ければ興味がわいて、知識は深く広くなるけれど、関与が低ければ知識は浅く狭くなって、情報処理への負担感が大きくなっていく、ということですね。

新倉教授　でも、ひとつ注意が必要ですよ。関与が高い、つまり対象に対するこだわりや思い入れが強いからといって、必ずしも知識が深く広くなるわけではないんです。Aさんはフランス車に思い入れがあるようですが……。

A研究生　確かに～。フランス車しか乗らない、とか言ってるわりには、「デザインでビビっとくる」以外の、性能や品質、他の海外ブランドや日本車との比較など、これまで一度もしたこともないです（苦笑）。

新倉教授　そうそう。ですから、関与の度合いや知識の深さなどに応じて市場を細分化して、戦略を立てるというのが大事なことなのですよ。これらは、はたからは目に見えない心理的な要因だけに、難しいところではあります。

A研究生　でも、要するに、ビビっとこさせればいいんですよね？

新倉教授　そのビビっとこさせるための戦略が重要なんです。人の感性に刺さる、感覚的な価値や世界観と共鳴する観念的な価値を訴えるというのが、実に難しいのですから。

2019年の地方統一選で実際に実験

この研究結果をもとに選挙戦を戦い、実際、とても興味深い結論となりました。筆者が所属していた政党支持率は1％だったので単純に計算すると600票です。結果は2100票で8位の上位当選でした。残りの1500票は浮動票であることは間違いない。浮動票を取り入れるために街宣車で演説を行ない、選挙ポスターを貼り巡らせ、駅頭演説も行ないました。

選挙戦を繰り広げていた時は48歳で、当選したときが49歳でした。容姿は別にして筆者の身長は参考までに178センチで、高いほうです。高校生二人の父親だということで、よき父というイメージがついたかもしれません。

ビジネスマン出身ということで、濃紺のスーツにピンクのネクタイを制服のように着ていました。また、ビジネスマン時代の実績もアピールしました。

所属していた党が保守系であるため、抜本的な改革は望まずに部分的な変革を推進していました。ポスターでもほほえみの写真にし、個々面接に力を入れました。個々面接に行くと40代・50代の女性とは同世代のせいか、緊張もせずに笑顔で接することができていたと思います。

また、当時は、議員にあまり活用されていなかったＳＮＳでの発信に力を入れていました。

結果として、分析された理想の候補者に近いマーケティングを行なっていたことになります。

それほど人気のない党に所属し当選したのは、浮動票に対して効果的なマーケティングを行なったからだと分析しています。仮に投票数で分析すると政党支持率が０％で６００票が入らなくても当選できたことになります。無所属の候補者であっても、今回分析したように、投票行動に対して正しいマーケティングでアプローチを行えば、当選できるということも発見しました。

【候補者マーケティング戦略に関する結論】

前章で行なった解釈を踏まえ、クラスタ３のように「候補者の人格に関して高関与・高知識な有権者」をターゲットとした候補者マーケティング戦略について、いくつかの結論を導き出してみました。

1．候補者についてのコンタクトポイントは、多く設定しなければならない

ターゲットの情報欲求の強さに応えるためには、多くのコンタクトポイントを用意しておく必要がある。彼らは、あらゆる媒体にアンテナを張っているばかりか、ちょっとしたリアルな候補者との触れ合いから「人格」を感じ取ることに非常に長けていると考えられる。

2．コンタクトポイントでは、そのコンタクトポイントで出会うターゲットの価値判断に見合った魅力点を訴求する

ターゲットは、「人格判断」に必要な情報を、内部情報としてすでに持ち合わせているため、用意されたコンタクトポイントでは、彼らの情報処理特性を見定めて、候補者イメージを展開しなければならない。

ポスターや選挙公報紙で判断されているのは、細かい政策面よりもむしろ「笑顔」であり、「意思が強そうな口元」であり、「端正なスーツ」が似合う「よき家庭人かつ、できそうなビジネスマン」に思えるかどうか、である。

従来の選挙戦で「ドブ板営業」と呼ばれたような1対1の触れ合いも、「人格判断」の提供機会と考えると、分散しがちなエネルギーも集中させることができる。彼らが判断したいのは、政策に関する詳細な内容よりも人格。たとえば、ターゲットのなかでも若年については、「SNSでツイートされたことについて、ていねいに返信を返す人だ」など、行為そのものについて、ここというツボを外さないようにすることが求められる。

3．人格判断に資する情報を掘りだしてもらうしくみをつくっておく

単に「よさそうな人」というだけでは、ターゲットの強い関心は喚起できない。自分のニー

ズに合った人かどうかを、より的確に感じ取ってもらうための情報提供を考えねばならない。一つひとつていねいに説明する必要はなく、自分の価値に合う情報を探してもらうようにする。自分の意見を受発信する機会を相対的に多く有していると考えられる、こうしたターゲットには、口コミになりやすいトリビアルな情報ほど価値は高いはずである。

4．争点は「あなたの生活への影響」に転換して訴える

ターゲットは大改革よりも「自分の生活にメリットがあるかどうか」をシビアに査定するタイプ。大きな問題と領域を広げるよりも、「身近な自分事」になるように訴求点を翻訳しておく必要がある。

5．自分の判断基準が正しいと確認できることが重要である

彼らの価値観と合う「見る目のある人」が支持をしていることを知らせるべきである。情報から瞬時に「人格」を感じ取るこのターゲットは、人を見る目に自信があるはず。投票した候補者が落ちたときには、「あの人のよさは、他の人にはわからなかった」と思わせることで、ブランド選択の満足度を下げないようにすることが重要であろう。

以上、私が書いた論文の一部ではありますが、有権者の投票行動と選挙のマーケティング効果を明らかにできました。購買行動を投票行動に置き換えることにより、マーケティング概念の拡張を試みました。ソーシャルマーケティングへ貢献できたのではないかと思います。

たとえば、無所属で地盤のない候補であれば、ポスターの撮影は重要なマーケティングであり、地味なスーツに目立つネクタイで、満面の笑顔とされるのがよいと本調査から明らかになりました。プロフィールでは、もし候補者が秘書出身や家族に議員がいない普通のサラリーマン出身であれば、そのサラリーマン時代の実績をアピールすればクラスタ３には十分なアピールとなるのです。

また政策は、身近な問題を解決できることを打ち出して、大きな改革は訴えないのも有効です。また子どもがいれば、よき父であることがわかるような演出も有効であり、ＳＮＳで自らの情報をこまめに発信することが重要であると分析されました。

第 6 章
選挙マーケティングにおける投票行動

法政大学大学院経営学研究科
教授 新倉 貴士

本章では、投票行動という人間行動の一側面について、マーケティングという学問の中心領域に位置づけられている消費者行動論の視点から考察していくことにします。消費者行動といいましても、消費者の行動側面だけに焦点を当てるのではなく、むしろ行動の背後に想定される心理的なプロセスや、行動に影響を与える見えない心理的・社会的な要因を考察していくことに主眼が置かれています。

行動とは、いってみれば「氷山の一角」に過ぎず、水面下には目に見えないはるかに大きな「氷の塊」である心理的なプロセスが隠れています。これらをしっかりと理解することで、目に見える「行動」が正確に把握できるのです。

その1　投票行動における心理的プロセス

意思決定パターン

人間の意思決定を広く扱う学問領域として、「意思決定科学（decision science）」という領域があります。ここでは、われわれ一個人、そして個人の集まりである集団がある判断をする際の心の様子を意思決定（decision making）と呼び、それを科学的に考察していきます。

消費者行動の研究は、大きくはこの意思決定科学の消費部門とでもいうべきもので、特に製品やブランドの購買に関する意思決定に特化して研究がなされてきました。これまでに蓄積されてきた消費者行動に関する知見の多くには、選挙マーケティングを考えていく際に役立つものが豊富にあります。以下では、こうした知見をもとに投票行動について考察していきます。

まずは、人間がある行動をとる際に一般的に考えられる心理的な思考パターンである「意思決定のパターン」を考えてみましょう。図1（次ページ）は、4つの意思決定パターンを示しています。これは、われわれがある行動をとる際に利用する意思決定の「型」を大きく4つに分類したものです（田島・青木 1989）。

その際に、意思決定に大きな影響を与える「関与」と「知識」という2つの要因を軸に設定し、それぞれをどの程度もち合わせているかを量的に捉え、「高／低」に2分割したものです。こうしてみると、2×2の4つの意思決定の「型」が理解できます。

①図の右上「情報処理型意思決定」

右上の意思決定パターンは、「高関与／高知識」をもつ「情報処理型意思決定」です。

第4章で記されているように、鈴木さんが積極的にアプローチしていった「クラスタ3」の有権者たちの意思決定パターンです。選挙への関心も高く、知識も十分に備えているので、しっかりとした自分の考えに基づき、選挙や候補者たちのことを詳細に吟味したうえで投票行動を行なう人たちです。

この人たちは、特定の政党帰属意識をもたず、付和雷同することもなく、真剣に情報処理をして、自らの判断を下す有権者たちです。選挙という民主主義の原点においては、とても重要な位置に立つべき人たちなのですが、どうもこの人たちの比率はあまり高くないようです。鈴木さんの分析では、東村山市ではホンの8.6%に過ぎませんでした。

②左上「不協和解消型意思決定」

	低知識	高知識
高関与	不協和解消型意思決定	情報処理型意思決定
低関与	習慣型意思決定	多様性追求型意思決定

図1：4つの意思決定パターン

左上の意思決定パターンは「高関与／低知識」をもつ「不協和解消型意思決定」です。不協和とは、社会心理学の領域で古くから関心をもたれてきた認知的不協和のことです。この概念は、われわれの意思決定に関する迷いや不安をうまく説明してくれる認知的不協和理論からきています。誰しも意思決定をすると、「その意思決定が正しかったのかどうか」について多少の迷いや不安をもちます。その意思決定が重要であればあるほど、それらは大きなものとなります。

マーケティングでは広告効果の研究から、この認知的不協和理論が注目されました。「ブランドの広告は誰が一番みているのでしょうか」、この問いに対する答えは、「そのブランドを買った消費者」でした。当初は、「これから買おうとする消費者」が広告を一番みていると予想されていましたが、実際にはその逆でした。なぜでしょうか。

それは、消費者は自分の下した意思決定と行動に自信がないからです。

購買後に、「本当にこれでよかったのか」といった認知的な迷いや不安が生じます。これが認知的不協和の中身なのです。ただ、われわれ人間は賢いもので、この迷いや不安を前もって解消する手立てをとることができます。

「信頼のあるブランドだから」「皆が支持しているブランドだから」「こんなに高いお金を払うブランドだから」という理由をもち出して、事前に認知的不協和に陥るのを防ごうとするのです。こうした複雑な心理状態にあるのが、この意思決定パターンです。第4章に挙げられた「日本人の国民性」（↓p91）を説明するのに、とても適しているかもしれません。

③左下「習慣型意思決定」

左下の意思決定パターンは「低関与／低知識」をもつ「習慣型意思決定」です。

この習慣とは、いわば「惰性」とでもいうべきもので、関心が低く適切に判断する知識をもち合わせていないので、「いつもの〝あれ〟」という方法で意思決定が行なわれます。第4章の「コラム」で解説された「ヒューリスティックな投票行動」（↓p111〜）は、この意思決定パターンです。関心が低いため特に労力もかけずに、各候補者の特徴などの細かな情報の意味を理解することもせず、惰性という形で前回と同じ候補者に投票するというケースです。

第4章で、政党帰属意識が家庭を中心とする初期の政治的な社会化の過程で培われ、いったん形成されると、ほとんど一生変わらずに、選挙を重ねるにつれて強化されていくという説明がありました。同様なことが特定の候補者に対しても当てはまります。幼少期から支持するように育てられ、初めての選挙でその候補者に投票すると、次回以降もその候補者に投票し続けていくことになります。とても簡単で、便利な意思決定パターンです。特段何もなければ、何も変更する必要はありません。

逆に、マーケティングを仕掛ける側にとっては、この意思決定パターンを崩すのは、容易なことではありません。この意思決定パターンで支持されているナンバーワン・ブランドは、この意思決定パターンを崩さないマーケティングを実践します。二番手以降のブランドは、何とかこの意思決定パターンを崩そうとするマーケティングを仕掛けていかなくてはなりません。

④右下「多様性追求型意思決定」

右下の意思決定パターンは「低関与／高知識」をもつ多様性追求型意思決定です。

多様性追求とは、「いろいろなものを試してみたい」というバラエティを求める欲求です。低関与の状態にあるので積極的な情報探索はそれほどしませんが、知識を豊富にもっているため、それなりの選択対象を複数ピックアップすることができます。そうなると、習慣型意思決定パターンでは惰性から選択対象がひとつに限定されますが、ここでは知識が豊富にあるので選択肢が複数に広がり、次々といろいろなものを試してみたくなります。

ときに、このバラエティの軸が「新しさ」に変わることがあります。どこにも「新しもの好き」という層が一定数いるようです。化粧品の世界で「コスメ放浪者」と呼ばれている消費者たちは、次から次へと新ブランドを試していきます。これらを見越してマーケターたちは、製品カテゴリーの鮮度保持とシェア獲得のために、新ブランドを定期的に追加投入していきます。これは、政党が選挙の度に一定数の新人候補者を擁立する際の説明道具の一つになるかもしれません。

意思決定プロセス

意思決定には型となるパターンがあることが理解できたと思います。前節では、大きく4つのパターンを示しましたが、実際には、それぞれの中間的なパターンやかなり極端なパターンもありえます。味方につけるべき有権者たちが、いったいどのような意思決定パターンに基づいて投票するかをしっかりと把握することが必要です。

さらに理解すべきは、こうした意思決定パターンを構成する具体的な内容です。これは、意思決定のプロセス（過程）と呼ばれるものです（新倉 2005）。氷山の一角にたとえた「行動」を基点とすると、その「行動」の前後にあるプロセスをひとつのシステムとして捉えるものです。購買や投票といった「行動」は、いわばスナップショットであり、一瞬の出来事を撮影した一枚の写真のようなものです。この写真は、その前後のプロセスを含めて捉えることによって一連の動画となります。「行動」をめぐる全体像が活き活きと映し出され、動態的に把握できるようになります。

また、システムとして捉えることによって、その全体像を形づくる構成要素を識別することができるようになります。現代科学は、このシステム発想によって発展を遂げてきたといっても過言ではありません。ひとつの全体を個々の構成要素に分解して捉えることによって、全体像の詳細や全体の仕組みを理解することができます。

太陽系(solar system)、消化器官系(digestive system)といった表現からも理解できるように、システムとして把握することで、全体像を大きく捉える鳥瞰図が手に入るわけです。このように全体をシステムとして捉えることによって、購買に関する意思決定プロセスを理解しておくと、自社ブランドの売れ行きが芳しくないときに、どこで、いつ、何が、どのように間違っているのかを正確に把握することができるようになります。

図2は、意思決定のプロセスを、問題認識、情報探索、選択肢評価、選択、事後評価の5つのステップとして示しています。意思決定科学は、「人間の問題解決行動を解き明かす」という共通の大きな課題に向けて取り組んでいます。人間は問題を解決するために行動を起こすという前提に立ち、「なぜ行動を起こすのか」、行動を起こす前後に「どのよう

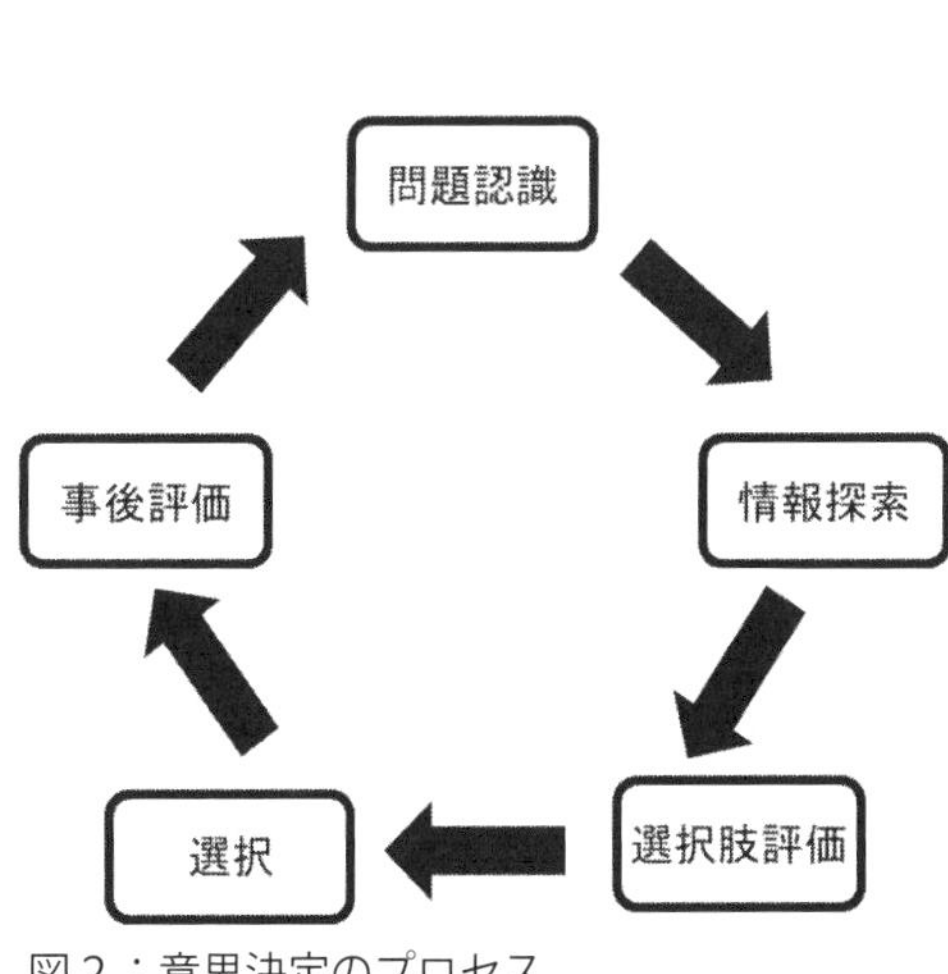

図２：意思決定のプロセス

なことがあるのか」を詳細に検討していくと、これら５つのステップを理解することが必須となります。

問題解決行動とは表現が少々難しいですが、その中身は簡単です。たとえば「のどがかわいたので、お茶を飲む」「おなかが減ったので、ラーメンを食べる」というものです。これは、マーケティングでは「ニーズを充足する」、社会学や社会心理学などでは「目標を達成する」などといいます。要するに、ある欲求やある目的の実現に向けてとられる行動のことです。そして、問題解決行動がとられる心理的なプロセスを、その行動の前後も含めてトータルに理解することが必要になります。

そのステップを順に説明しましょう。

①問題認識

問題認識とは「のどがかわいた」「おなかが減った」といった、ニーズを感知することです。目標設定としても結構です。これは、問題解決を図る際の大前提となるものです。

では、「問題」とは何でしょうか。これは、理想の状態と現実の状態のギャップを知覚することです。「のどがかわいた」というのは、「のどがかわいていない」という理想の状態と「のどが渇いている」という現実の状態との間に生じるギャップです。

ここに問題が生じており、これを認識することが問題認識なのです。そして、この知覚されるギャップである問題を解消するために、われわれは行動を起こします。この知覚ギャップが大きいほど、その行動に強く駆り立てられるようになります。

②情報探索

情報探索とは、問題解決を図るために適切な解決策を探ることです。「のどのかわき」を潤す解決策や解決手段という情報を求めて探索が行なわれます。この情報探索は、問題認識のされ方に大きく依存します。

飲み物で潤すのか、飴をなめて潤すのか、あるいはゴクゴクと潤すのか、スッキリ爽やかに潤すのかなど、問題認識のされ方により、探索される情報の質や量が異なってきます。また、探索される情報が自らの記憶にあるのか（内部探索）、店頭やネットの口コミにあるのか（外部探索）など、探索される情報の情報源も異なってきます。

③選択肢評価

選択肢評価とは、ある程度の情報探索をしたあとに、適切な選択肢を考慮して吟味することです。マーケティングには「考慮集合」という考え方があり、消費者が真剣に考えるブランド群のことを意味します。大方の製品カテゴリーでは、考慮集合に入るブランド数は3つ程度で、それほど多くはありません。考慮集合は、記憶から思い出される「想起集合」と店頭の棚などで直面する「対面集合」から構成されます。

選挙での投票を考えると、駅前演説やポスターを通じて記憶された候補者が投票所で思い出されたり、投票用紙を記入するブースの前に貼り出されている候補者リストがこれらに該当するものでしょう。候補者として真剣に考慮する候補者の数も、大方の製品カテゴリーと同様にそれほど多くはないと思われます。

マーケティングを仕掛ける側は、何とかして考慮集合に自らのブランドを押し込めなくてはなりません。そうでないと選ばれようがないためです。考慮集合は、相撲の土俵や格闘技のリングのようなもので、あそこに立たなければ勝つことができないのです。

考慮集合の中身がたったひとつのブランドである場合があります。習慣型意思決定パターンのケースと、ブランドロイヤルティのきわめて高いときです。前者の場合は、「低関与／低知識」に基づく惰性による無難な選択肢という意味あいが強くなります。しかし、後者の場合は、熱狂的に支持するブランドであり、いわば絶対的なオンリーワン・ブランドです。ブランドマーケティングの究極的課題は、考慮集合を自らのブランドだけにロックインさせることでもあります。つまり、揺らぎないオンリーワン・ブランドを創り上げることです。

さらに選択肢評価には、評価の方法も含まれます。すでに意思決定のパターンを説明しましたが、これらもある意味では評価の方法ともいえます。細かく念入りに情報処理をする評価方法もあれば、「いつもの〝あれ〟」という惰性的な評価方法もあります。われわれは、評価方法として複数のレパートリーをもっています。それらを状況に応じて使い分けたり、組み合わせたりしながら、評価方法として用いています。したがって、有権者がどのような評価方法を使用するかを、しっかりと把握しておく必要があります。

④選択

選択とは、いくつかの選択肢からひとつを選び出す行動のことです。商品であれば、店頭の棚からひとつのブランドを買い物かごに入れることであり、通信販売ならばお気に入りのブランドをクリックしてカートに入れることです。投票であれば、投票用紙に候補者の名前を書いて投票箱に入れることです。先ほど例えたように、選択という行動はスナップショットです。ホンの一瞬の出来事なのですが、この一瞬の出来事が「真実」なのです。選択されたブランドがマーケットではシェアを獲得するように、選択された候補者が得票数を積み重ねて勝利を獲得するのです。したがって、消費者ひとり一人の選択、有権者ひとり一人の選択を一番重要なものとして受け止めておかなくてはなりません。

⑤ 事後評価

事後評価とは、選択された後に行なわれる評価です。顧客満足（customer satisfaction）やNPS（net promotor score）といった顧客の反応に関する指標は、購買後の評価を示しています。そのブランドについて、「どの程度満足しているか」や「どのくらい人に推奨したいか」といった事後評価は、企業にとってその顧客との将来の関係性を検討するのにきわめて重要な指標となります。

「一度選択したが二度とない」となればその関係は続きません。継続的なよい関係を構築していくことが、現在のマーケティングの最重要課題となっています。これは、関係性マーケティングと呼ばれるものです。

マーケティングの世界では、以前は「マーケティングは交換である」と定義されていました。しかし今日では、「マーケティングは関係性である」と定義されています。交換の一つひとつが埋め込まれる背景にある文脈としての関係性を理解しなくてはなりません。

「関係（relation）」ではなく「関係性（relationship）」なのです。スポーツマンシップ（sportsmanship）と同じように、この関係性の「性（ship）」の部分に重要な意味があるのです。ここには、関係をしっかりと構築しようとする精神性が込められています。

関係性マーケティングでは、信頼やコミットメント（こだわり）といった概念が重要なキーワードとなっていますので、この関係性の中身をしっかりと理解し、充実したものに仕上げていかなくてはなりません。候補者であれば、初当選したあとに次の投票機会にも有権者たちに自分を支持してもらえるようなよい関係を構築しておかなければなりません。政治家としての信頼と「この人なら」という熱い支持となるコミットメントをつくり上げていく必要があります。

その2　候補者というブランド

システムとして意思決定プロセスの全体像が把握できると、「行動を確実にする確率」を上げる仕組みが理解できます。たとえば「のどがかわいた」という問題を認識したとき、すぐに特定のブランドが記憶から想起されれば、そのブランドが選択される確率はかなり高いものとなります。

次に、「ゴクゴク飲みたい」という副次的なニーズをもちながら飲み物の情報探索をしている状況で、一般的な５００mlよりも多い６００mlや７５０mlのサイズを提供していれば探索されやすくなります。さらに、考慮集合のなかで選択肢として評価される際に、「スッキリ爽やかに潤す」ことを求めているならば、たとえば「強炭酸」であることを特徴づけることで、他のブランドよりも選択される確率が高まるはずです。

このように各段階には、「行動を確実にする確率」を高めるマーケティング施策が必要であることがわかります。問題認識、情報探索、選択肢評価という各段階でやるべきことを確実に行ない、「行動を確実にする確率」を１００％にもっていかなくてはなりません。そして、行動を確実にすることができたなら、次回の行動が行なわれる際にも、その確率を１００％にするために、よい関係性を構築できるような事後評価を獲得する必要があります。

タッチポイント

近年、マーケティングでは「カスタマージャーニー」という言葉がよく使われるようになりました。これは、購買意思決定プロセスを「ひとつの旅」にたとえたものです。マーケターは、意思決定プロセスの各段階における顧客とマーケティング施策とのタッチポイントを明確化し、それぞれのタッチポイントでの顧客の経験や体験をカスタマージャーニーマップとして描き、最適なマーケティング活動を導きだそうとしています（高嶋・髙橋 2020）。

図3は、購買意思決定とタッチポイントの関係を示しています。たとえば、店頭での購買意思決定プロセスを想定して購買とその前後を含めて、購買前、購買時、購買後に3分割すると、購買前であれば問題認識と情報探索、購買時であれば選択肢評価と選択、購買後であれば事後評価という各段階がそれぞれ位置づけられます。そして、これら3分割された期間には、顧客とのタッチポイントが複数存在していることが理解できます。

購買前であれば、テレビ広告、インターネット広告、チラシ、パンフレットなどです。購買時であれば、店内にはPOP広告、デジタルサイネージ、店員との会話、実演などがあります。購買後であれば、配送、説明書、保証書、コールセンター対応などとなります。

候補者のタッチポイントはどうでしょうか。投票前であれば、駅前での演説、掲示されたポスター、個別訪問、街宣車での挨拶などです。投票

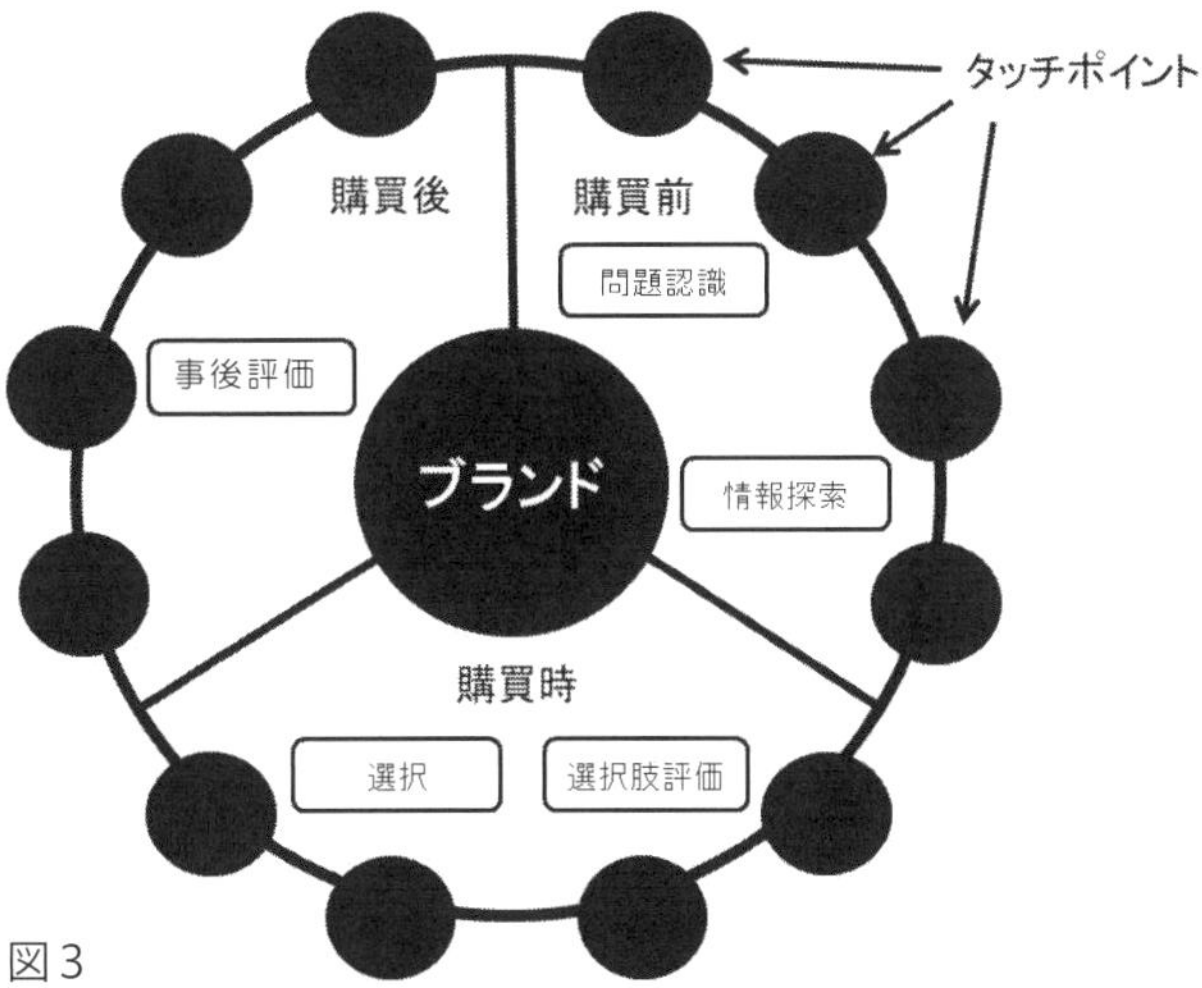

図3

時では店頭とは異なり、公正な選挙委員が監視している投票所で投票が行なわれるために、残念ながらここではマーケティング施策が打てません。投票後では、早朝の駅頭挨拶、YouTubeによる動画配信、Facebook の更新、議会報告会などとなります。

こうしたタッチポイントの存在を理解できれば、どこに、どのような仕掛けを埋め込むべきなのかが浮かび上がってきます。そして、それぞれのタッチポイントで、顧客がどのようなことを感じ、どのようなことを認識するかを正確に把握する必要があります。なぜならば、これら一つひとつが重要な戦略ポイントになるからです。必ずやどこかに、スウィートスポットが存在するはずです。

さらに、これらの戦略ポイントをつなぎ合わせて、一体となる統合的な戦略を構築する必要があります。宝飾品の真珠を扱う世界では「連相」という言葉で、真珠の粒一つひとつを吟味し、それぞれの相性を調整しながら、同質的な色合いと粒の形状を揃えていきます。粒の色合いと形状の揃ったネックレスほど、価値が高いといわれます。戦略もこれとまったく同様で、それぞれのタッチポイントを最適に組み合わせた最高の戦略を練り上げ、意思決定プロセスにあわせて高速に回転させていく必要があります。

候補者というブランド

図3の中心には、ブランドを示しています。購買意思決定では、たとえば、伊右衛門やキットカットといったブランドに該当します。選挙の投票では、候補者一人ひとりがブランドになります。消費財メーカーが魅力的なブランドを創り上げるのと同様に、候補者たちも自らを魅力的なブランドに創り上げなくてはなりません。

その際に、ブランドの反対語にあたる「コモディティ（commodity）」を理解しておくと便利です。コモディティとは単なる商品、農産物や資源などの一次産品を意味します。ブランドとは、こうした商品や一次産品にプラスして、何がしかの意味をもったものです。サンキストレモンは単なるレモンではなく、サンキストが品質を保証したレモンです。関サバは普通のサバではなく、大分県の佐賀関で水揚げされた鮮度のよい高級なサバです。このようにブランドとは、コモディティとは一線を画して明確に認知されるものです。

消費者側の反応をみますと、ブランドには何らかの認知的な差異を見い出します。しかし、コモディティになるとたったひとつの反応しか示しません。そうです、「できるだけ安いもの」という価格への反応です。「どのサバも同じなら、安いもの」という価格を基準にした選択行動がとられるのです。こうなると価格勝負となり、体力のない企業は太刀打ちできません。ブランド化ができないと、こうした悲惨なコモディティ地獄が待っています。

ところが、ブランド化に成功すると、消費者自らが認知的な差異を見出し、さまざまな意味を付与してくれます。要するに「うんちく」を語り出してくれるわけです。消費者が進んでそのブランドに関する様々な情報を探し出し、自ら語り出してくれるのです。そのためには、他の候補者たちから抜きん出たブランドとして、有権者たちに自らをブランドとして認知させることが、まずは第一歩となります。

情報処理とMAO

図1で4つの意思決定パターンを示す際に、関与と知識という軸を設定しました。これらは、認知的な情報処理を規定する重要な要因です。関与は動機づけ（motivation）の代理変数ともいわれ、情報処理の推進や抑制をします。要するに、「気合が入るかどうか」のスイッチのような機能をはたします。動機づけとしての関与が高まり気合のスイッチが入ると、積極的な情報探索を導きます。

また、解釈や理解を求めてより深く考えるようになり、不協和に陥らないような理由を探し出したりしながら、積極的な情報処理を駆り立てていきます。最近では、ブランドに対する「超高関与消費者」の重要が認識されるようになりました（和田 2015：堀田 2017）。その数はかなり少ないようですが、ブランドによっては、購入量全体のかなりの割合を占めるようです。

有権者たちのなかにも少なからずいると思いますので、こういった集団の心を確実につかんでおきたいものです。

有権者たちの立場からすると、実際に会って握手をしたり、会話をしたりすることによって、その候補者への関与は高まるはずです。

これは、実際に会っていない候補者よりも、実際に会った候補者の方が、その心理からすれば、より「自分ごと」として、その候補者が認識されるからです。われわれは、「自分ごと」ではないものに関心は寄せません。ですので、関与を高めるためには、より「自分ごと」と認識してもらえるようなマーケティング施策が求められます。

動機づけとしての関与が高まっても、意思決定が空回りする場合があります。それなりの能力が伴わないと適切な意思決定はできないのです。情報処理を規定する要因には、知識の働きとしての能力（ability）もあります。関与が高まり積極的な情報探索をしても、どの情報が意思決定に重要なのかが理解できないと、結局は無駄な労力を払うだけです。能力は情報処理の質を高めるために必須のものとなります。

たとえば、パソコンの選択を考えると、利用目的に照らして、予算に見合ったスペック（OS、CPU、メモリー、HDDやSSDなど）を兼ね備えたパソコンが最適であるといえます。しかし、そもそものスペックが、何を意味するかがわからない消費者も数多くいます。逆に、こうしたスペックをうまく組み合わせて一台のパソコンを作成できる消費者もいます。情報処理を適切に行なえるか否かには、知識の働きである能力が重要な役割を果たします。

このように考えますと、関与が高まった状態で能力が高いときに、かなり質のよい情報処理が推進されることが理解できます。但し、消費者は必ずしも質的な最適性を求めているとは限りません。この際にも、実はブランドが機能するのです。私が指導した大学院ゼミ生のスマホに関する調査では、iPhone 使用者よりも Android 使用者の方が、スペックを明確に理解していることがわかりました。Apple の iPhone というブランドが、スマホに対する詳細な深い情報処理の推進を抑制していたのでした。

強力なブランドになると、ある程度の質が担保されるために事前の不協和解消理由となり、詳細な深い情報処理を抑制させることができるのです。選挙でも同様に、タレント名や政党名がブランドとして機能し、それ以上の深い情報処理を抑制してしまうことが考えられます。こういった意味でも、候補者自身が強力なブランドにならなくてはならないのです。

一般に情報処理の内容とは、情報の探索、情報の解釈、情報の統合を意味します。情報の探索とは、自分の記憶にある内部情報を思い出しながら探索する内部探索と、自分以外の情報源から外部情報を探し出す外部探索を意味します。

情報の解釈とは、探索された情報を基にして、適切な意味を導き出すことです。複数の情報を手掛かりにして、「意味のあるまとまり」として解釈します。ブランドイメージとは、ブランド連想（association）のことであり、記憶上でブランドに関する情報をまとめ上げたものです。まさに、ブランドに関して解釈された「意味のあるまとまり」を示しているともいえます。

候補者がブランドになるならば、当然、そのブランドにもイメージが創られます。その候補者に関する様々な情報に基づいて、有権者たちが創り上げる連想像がブランドイメージです。候補者というブランドに関して有権者たちがもちうるあらゆる情報が組み合わさり、このブランドイメージを創り上げるために、発言や一挙手一投足には、かなり慎重にならなければなりません。情報の統合とは、選択肢評価のことであり、いくつかの選択肢を評価しながら、最終的にひとつの判断としてまとめ上げて意思決定を下すことです。

図４は、消費者の情報処理をモデル化したものです。点線の枠内を頭の中と想定し、情報処理が行われる作業記憶（working memory）で情報処理が行われている様子を示しています（青木他 2012）。この作業記憶は、いわば情報処理の作業場です。かつては短期記憶と呼ばれていましたが、現在では処理作業をするという重要な役割が強調されて、こう呼ばれています。「マジカルナンバー７±２」をご存じでしょうか。これは、われわれの短期記憶の容量を示すものです。たとえば、「NTTKDDISOFTBANKABCTBSNHK」といったアルファベットの文字列を瞬時に記憶してもらっても、左端からせいぜい９文字、少ない場合では５文字しか、われ

われには記憶できないようです。視覚情報でも聴覚情報でも同じようです。短期記憶の容量は思ったほど大きくありません。しかし、ちょっとした工夫で、この容量を大きくできます。

アルファベットの文字ひとつずつではなく、アルファベットの文字をいくつかまとめて、「意味のあるまとまり」として示すことで、この容量の限界を克服することができるのです。たとえば「NTT KDDI SOFTBANK ABC TBS NHK」を瞬時に記憶するとしたらどうでしょうか。瞬時にすべて記憶できそうです。

これはチャンキング（chunking）と呼ばれるもので、処理単位であるチャンク（chunk）を操作する情報処理です。ここでは、既に記憶されている企業名あるいは企業ロゴという「意味のあるまとまり」としてのアルファベットの文字列が認識されるため、7±2という非常に限られた短期記憶の容量を有効活用すること

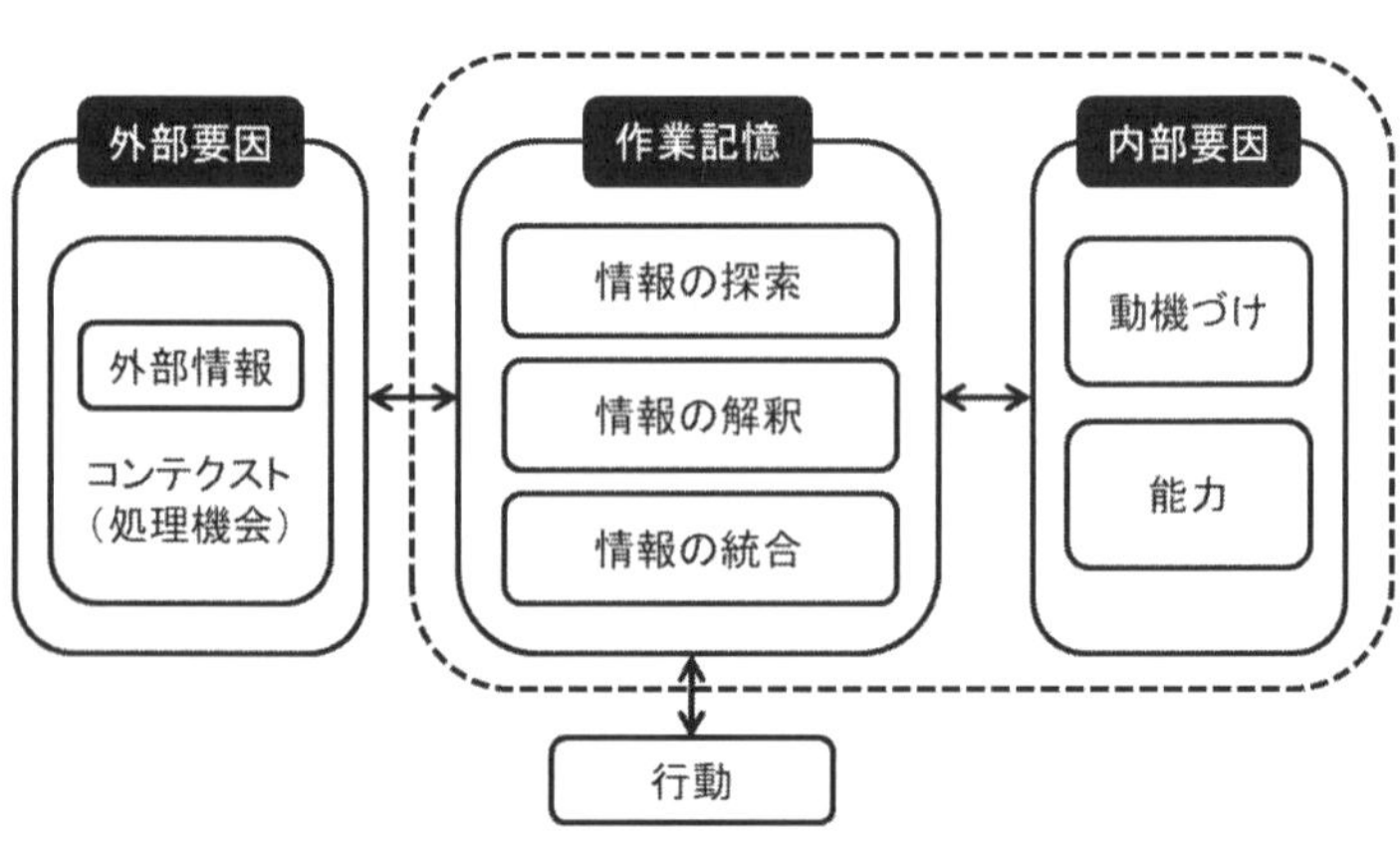

図４：情報処理モデル

ができます。

候補者になると、ポスターやビラで訴求したい自らの情報はかなりの数になると思われます。しかし、上記のアルファベットの単なる文字列のように解釈されたのでは、有権者たちにとっては情報処理の負荷が大きくなりすぎて、ほとんど理解してもらえません。上記の「意味のあるまとまり」としてのアルファベットの文字列では、企業名や企業ロゴ、さらには通信業界や放送業界というもっと大きな「意味のあるまとまり」をもつカテゴリーが利用されているかもしれません。

したがいまして、訴求すべき情報と有権者が既に記憶に保持しているカテゴリーをよく理解して、それらと訴求すべき情報との関係を整理したうえで提示してあげることで、かなりの理解が得られ、説得力をもつと思われます。ブランドは、カテゴリーとの相対的な関係のなかでこそ意味づけられるのです。

内部からは内部要因として、動機づけと能力が情報処理に影響を及ぼします。外部からは外部要因として、外部情報とコンテクストが影響を及ぼします。外部情報は、消費者の頭の中にある内部情報以外のすべての情報を含みます。生活スタイル、製品カテゴリー、ブランド、属性、特性などさまざまなものがあります。

コンテクスト（context）とは、処理機会（opportunity）としてとらえられています。同じ情報でも、コンテクストが異なると、まったく異なる処理が行なわれるので、処理が行なわれるコンテクストの重要性を認識する必要があります。チョコレート菓子であるキットカットは、受験の際にはお守りにもなります。

使用文脈や消費背景ともいわれるコンテクストが違うからです。コンテクストによって、同じブランドでも異なる処理が行なわれ、異なる選択肢となるのです。このキットカットの事例からは、「ブランドのもつ意味」の重要性が示唆されます。ネスレはキットカットの製品やパッケージの仕様などは一切変えずに、単に「ブランドのもつ意味」だけを変えて大成功しました。

候補者も有権者たちにとって意味のあるブランドになるためには、こうしたコンテクストの影響を十分に考慮しておく必要があります。様々なタイプの有権者たちの好みに合うように、候補者というブランドに多様な意味をもたせておかなくてはなりません。実はマーケティングとは、コンテクストの編集作業でもあるのです。コンテクストの編集次第では、ブランドに多様な意味が創造できるからです。

内部からは動機づけと能力が重要な規定要因となり、外部からは処理機会となるコンテクストが重要な規定要因として情報処理に影響を与えます。現在では、消費者の情報処理を把握するために、これらMotivation、Ability、Opportunityの頭文字を取りMAOというひとつの枠組みで理解されています。

その３　候補者に求められるブランドマーケティング

ブランドの機能

候補者は自らをブランドとして、しっかりと理解しなくてはなりません。その基点となるのは、消費者としての有権者側たちの視点です。消費者からみたブランドには、大きく３つの機能（はたらき）があります。「識別」、「品質保証」、「意味」という機能です（池尾 1999）。

識別機能は、他のブランドとは異なるということを認識させることです。サンキストレモンは、広島レモンとは異なるブランドであると認識させることです。品質保証の機能とは、サンキストが信頼の証として、その品質を保証しているというように出処が担保されているということです。選択には常にリスクが伴いますので、そのリスクに対する不安を取り除く機能であり、これにより安心感を提供します。

そして、意味機能とは、消費者にとって何らかの意味をもった価値をブランドが提供するものです。この意味的な価値には、低層から順に示しますと、基本価値、便宜価値、そしてこれらを超えたところに感覚価値と観念価値があります（和田 2002）。

時計で例えるなら、基本価値とは「時を刻む」「正確さ」という機能性、便宜価値とは「コンパクトさ」や「軽量さ」という便宜性です。感覚価値とは「楽しさ」や「嬉しさ」という感覚、観念価値とはブランドが独自にもつ「世界観」や「哲学」という観念です。

ブランドマーケティングの現場では、これらの意味的な価値をいかに消費者に伝えるかが大きな課題となっています。基本価値と便宜価値は、製品でいうならば成分的な要素からくるもので、割と容易に模倣されてしまいます。しかし、感覚価値や観念価値は客観的な成分ではなく、消費者の感覚や認識を通じて頭の中に創られるものです。

これらは模倣が困難です。候補者というブランドも、簡単には模倣や同質化ができない、感覚価値と観念価値という意味を明確に認識したうえで、それらを有権者たちに訴えかけなくてはなりません。候補者というブランドであるならば、有権者の記憶痕跡に強くそのブランドを植えつけ、そして好ましくユニークなイメージをもち（ケラー 2000）、絶対的なオンリーワン・ブランドであり続けなくてはなりません。

ブランド構築

ブランドは、明確な意識をもって構築していかなくてはなりません。消費者の反応を考えると、ブランドの「６Ａ」を理解しておく必要があります（Keller and Lehman 2003：新倉

2015)。

「６Ａ」とは、ブランドに対するAwareness（認知）、Association（連想）、Attitude（態度）、Attachment（愛着）、Action（購買行為）、Activity（購買関連活動）の頭文字を示しています。ブランド構築とは、これら６Ａを確実なものとして、これらを組み合わせて実践していくことです。構築に当たっての土台は、ブランド認知です。ブランド認知が確立していなければ、そのブランドは存在していないのと同じです。最も重要なブランド認知を確立させ、ここにさまざまな意味的な価値を付与していきます。

ブランド連想とは、ブランドに関連する様々な情報からなる「意味のあるまとまり」であるブランドイメージです。正しくブランドをイメージづけしなくてはなりません。ブランド態度とは、ブランドに対する好意度となる感情です。当然、好ましいブランドでなくてはなりません。ブランド愛着とは、購買後のブランド態度であり、態度よりもより深く、購買への粘着性をもち再購買を誘発します。

購買行為とは、購買行動そのものを示します。ここでも、スナップショットという瞬間の出来事です。購買関連活動とは、ブランドに対する直接的な購買行為ではなく、他者への推奨行動、イベントへの参画、意見提示などです。近年では、こうした購買関連活動の重要性が再認識されています（コトラー他 2017)。

ブランドマーケティングでは、ブランドに対する顧客ロイヤルティと顧客エンゲージメントという2つの重要な概念が識別されています（西原 2019）。顧客ロイヤルティとは、経済的取引に基づく購買と再購買から蓄積されるブランドの資産です。顧客エンゲージメントとは、非経済的取引に基づく購買以外の行為から蓄積されるブランドの資産です。

6Aに照らしてみると、Action（購買行為）が顧客ロイヤルティを構築し、Activity（購買関連活動）が顧客エンゲージメントを構築します。どちらも重要なのです。選挙マーケティングを考えると、候補者というブランドへの投票行動と再投票行動によって顧客ロイヤルティができ、投票以外の様々な支援活動により顧客エンゲージメントができあがります。そして、これらの両輪をうまく推進させながら、絶対的なオンリーワン・ブランドを構築していくことが求められるのです。

関係性マーケティングという視点をもつと、こうしたブランドの資産というものが、いかに大切であるかが理解できます。初回の投票だけではなく、次回以降の継続的な投票を確実にしなくてはならないからです。行動側面からは、単なる投票だけではなく、その周辺に位置づけられる支援的な関連活動からもブランドの資産が構築されていきます。

心理的側面からは、行動の前後とその周辺にある心理的なプロセスを通じてブランドの資産が構築されていきます。関係性マーケティングを実践すべく、関係性の継続を考慮したリテンションという顧客保持を重点課題とするならば、意思決定のサポートに特に注力すべきです。なぜならば、人は誰しも意思決定や行動にそれほど自信がないからです。

「この候補者に投票してよかった」、「自分の意思決定は間違っていなかった」という証拠となる行動や発言を積極的にすることによって、投票者は納得するからです。

〔参考文献〕

・Keller, Kevin Lane and Don Lehman (2003), "How Do Brands Create Value," Marketing Management, May / June, pp. 26-31.
・ケラー, K. L. (2000)、『戦略的ブランドマネジメント』、東急エージェンシー
・コトラー, P.・カルタジャヤ, H.・セティアワン, I. (2017)、『コトラーのマーケティング 4.0：スマートフォン時代の究極法則』、朝日新聞出版
・田島義博・青木幸弘編著（1989)、『店頭研究と消費者行動分析：店舗内購買行動分析とその周辺』、誠文堂新光社
・青木幸弘・新倉貴士・佐々木壮太郎・松下光司編（2012)、『消費者行動論：マーケティングとブランド構築への応用』、有斐閣アルマ
・池尾恭一（1999)、『日本型マーケティングの革新』、有斐閣

・高嶋克義・髙橋郁夫（2020）、『小売経営論』、有斐閣
・新倉貴士（2005）、『消費者の認知世界：ブランドマーケティング・パースペクティブ』、千倉書房
・新倉貴士（2015）、「モバイルアプリと購買意思決定プロセス」、『慶應経営論集』、32（1）、35- 50 頁
・西原彰宏（2019）、「消費者行動の新展開 2：顧客エンゲージメント　企業と顧客との関係性における新たな視点」、永野光朗編『消費者行動の心理学』、北大路書房、所収、175-193 頁
・堀田治（2017）、「体験消費による新たな関与研究の視点：認知構造と活性状態への分離」、『マーケティング・ジャーナル』、37（1）、101-123 頁
・和田充夫（2002）、『ブランド価値共創』、同文舘出版
・和田充夫編著（2015）、『宝塚ファンから読み解く超高関与消費者へのマーケティング』、有斐閣

第７章
ビジネスマンでも勝てる選挙マーケティング実践論

第5章で、選挙に勝つための基礎的な知識や選挙マーケティングの戦略や理論を説明してきました。本章では、選挙を行なう上での具体的な内容に関してお話をします。私が、立候補し、当選した2019年の地方統一選挙で行なった内容を簡単に説明いたします。

その1　どこで立候補すればよいのか

北多摩一区の場合

私が戦った2019年の東村山市議会議員選挙のデータをご紹介します。25の議席に対して31名の候補者が立候補しました。新人議員として入れ替わった人数は8名です。近隣市では議員の入れ替えは多くないので、2019年の東村山市の選挙は定数に対して3割が入れ替わり、激戦であったといわれています。都議議員の選挙区は近隣の東大和市と武蔵村山市と東村山市を合わせて北多摩1区となります。参考までに北多摩1区の他の市の数字も見ておきましょう。

東大和市　22議席　25名が立候補　落選は３名
武蔵村山市　20議席　22名が立候補　落選は２名

最下位の当選票数は、東村山市が１４２７票、東大和市が６３７票、武蔵村山市が７４４票でした。これ以上の票を獲得した方々が当選になります。

もし、皆さんが、北多摩1区という選挙区のどこかの市で立候補を考えるのであれば、前述の数字以上の票数を獲得できれば当選するのです。いかがですか。思ったよりも現実的な数字に思えませんか。自分が何票獲得できれば当選できるのかしっかりとイメージすることが大切です。

ビジネスマンの皆さんは毎年、会社で数字の目標をコミットして達成するために努力を重ねていると思います。最下位当選の議員が獲得した数字、これが、あなたが、乗り越える最低目標になるのです。各市区町村の選挙結果は市のホームページで掲載されているので確認されるとよいと思います。

あなたが立候補できる市町村はどこ？

ちなみに、あなたが立候補をしようとする場合、住民票がある市区町村が立候補できる選挙区となります。公職選挙法9条にて以下のようになっています。

県知事・県議会議員選挙は引き続き3カ月以上その県内に、市長・市議会議員選挙は、引き続き3カ月以上その市内に住所を有すること。

多くの議員は、現在住んでいる市町村から立候補します。生まれた故郷から立候補する必要はありません。実際に私は東京の江東区生まれです。住まいは東村山市です。実際に現在の東村山市の市議会議員も約半分は東村山市生まれではありません。東京出身者でない議員も半分程度います。

東北や北陸など地方出身の人もたくさんいます。そもそも、東京に住んでいる人の多くは地方出身者ですから当たり前ですよね。生まれが東京でなくても上京して暮らしているうちに土地に愛着がわき、この地域のために働きたい、と思い立候補されるのだと思います。

議員の世界では、地元で生まれて、地元で育ち、地元で働いてきた人が立候補するのが王道のようにいわれていますが、私は違う考え方を持っています。生まれてから働くまでひとつの地域しか経験をしていない人は、地域をよく知っている点が強みです。一方で、他の地域を見てきている人々は、他の知見も持っています。

もし海外にも住んでいた方なら、もっと広い世界を知っているので、世界のよい政策を提案できるかもしれません。また候補者が地元民だけだと総数が少なく、優秀な方もいると思いますが、顔ぶれが限定的になります。地方出身者や他の市区町村出身も含めて優秀な人が議員に立候補すれば、総数が増えるので優秀な人を市民は選択できます。市民にとって選択できる候補者がたくさんいることはメリットです。

極端なことを言えば、たとえば何かのきっかけで、その町のことを知り、興味を持ったとします。調べているうちに自分の経験や能力が生かせそうだというのであれば、その地域に引越しをして生活をし、その地域から立候補してもよいのです。

また、出身地で議員になるという選択肢もあると第2章で書きましたが、あなたが出身地で立候補したければ、故郷に戻り、3カ月以上居住している要件を満たせばよいのです。そして、通っていた小学校や中学校の友人を訪ねて一緒に手伝ってほしいとお願いするのも手だと思います。もちろん、生まれた町ではなく、現在住んでいる町から立候補するのもよいでしょう。

きっかけは何でもよいのです。自分の経験や能力が地域で役に立てると思える、もしくは、この町のために働きたいという思いがあれば、生まれた町にこだわらなくてもよいと思います。

その2　2019年地方統一選挙　東村山市議会議員選挙の記録

東村山市発行の公式選挙データ

ここからは、東村山市から発行されている選挙管理委員会からデータや資料を抜粋して選挙の結果を解説していきます。まずは、選挙の結果です。

当選の上位を1番に、落選の31番までの候補者の名前、年齢、性別、職業、所属政党、現職なのか、新人なのか、獲得票数と順位が掲載されています。これは、選挙管理委員会が市民に広く告知されている内容なので、ご自分の市区町村でも、選挙管理委員会にいけば冊子をもらうことができます。

定数が25議席なので、1位から25位までが当選で、それ以下は落選となります。トップの方は約３９００票獲得し、最下位は約１４００で約2.7倍の開きがあります。しかし当選には上位か否かは重要ではないのです。

あなたが、立候補したときはトップ当選をしなくてもよいのです。最下位でもよいので、当選という結果を出すことが大事です。確かに、トップ当選は議員からも一目を置かれますし、素晴らしいことです。だからといって議員になってから、最下位当選の議員が肩身の狭い思い

７．開　　票

開票の日時及び場所

平成 31 年４月 21 日(日)　午後９時　東村山市民スポーツセンター

◎市議会議員選挙

１）候補者別得票数

	氏　名	性別	年齢	党　派	職　業	得票総数	新現元	当落
1	土方　桂	男	49	自由民主党	市議会議員	3,873.000	現	当
2	小町　あきお	男	52	自由民主党	市議会議員	3,335.000	現	当
3	小林　みお	女	36	無所属	市議会議員	2,841.000	現	当
4	朝木　直子	女	51	無所属	市議会議員	2,311.000	現	当
5	佐藤　まさたか	男	55	無所属	市議会議員	2,227.502	現	当
6	いしばし　光明	男	51	公明党	市議会議員	2,200.000	現	当
7	村山　じゅん子	女	60	公明党	市議会議員	2,122.000	現	当
8	鈴木　たつお	男	49	国民民主党	会社経営	2,100.000	新	当
9	かみまち　弓子	女	48	立憲民主党	市議会議員	2,091.000	現	当
10	わたなべ　えい子	女	52	公明党	市議会議員	2,029.142	現	当
11	くまき　敏己	男	60	無所属	市議会議員	1,980.000	現	当
12	浅見　みどり	女	45	日本共産党	政党職員	1,975.000	新	当
13	いとう　真一	男	61	公明党	市議会議員	1,965.000	新	当
14	下沢　ゆきお	男	63	無所属	会社代表社員	1,947.000	新	当
15	横尾　たかお	男	44	公明党	市議会議員	1,910.000	現	当
16	山口　みよ	女	72	日本共産党	市議会議員	1,902.000	現	当
17	志村　誠	男	52	無所属	建設会社経営	1,881.000	新	当
18	木村　たかし	男	53	無所属	写真店経営	1,831.000	新	当
19	山田　たか子	女	42	日本共産党	政党役員	1,829.000	新	当
20	こまざき　高行	男	55	公明党	市議会議員	1,747.000	現	当
21	藤田　まさみ	女	59	立憲民主党	会社役員	1,690.000	新	当
22	さとう　直子	女	61	日本共産党	市議会議員	1,588.497	現	当
23	清水　あづさ	女	61	無所属	自営業	1,585.000	新	当
24	渡辺　みのる	男	33	日本共産党	市議会議員	1,454.857	現	当
25	白石　えつ子	女	59	東村山・生活者ネットワーク	市議会議員	1,427.000	現	当
26	島崎　よう子	女	72	無所属	市議会議員	1,312.000	現	落
27	はちや　けんじ	男	51	無所属	市議会議員	1,292.000	現	落
28	桑原　りさ	女	56	東村山・生活者ネットワーク	政党役員	1,277.000	元	落
29	矢野　ほづみ	男	71	無所属	市議会議員	1,071.000	現	落
30	おくたに　浩一	男	59	立憲民主党	市議会議員	1,057.000	現	落
31	小川　きょうこ	女	61	幸福実現党	無職	344.000	新	落
	得票総数					58,194.998		

法定得票数 ： 有効投票数 58,195 ÷ 議員定数 25 ÷ 4 ＝　581.950

供託没収点 ： 有効投票数 58,195 ÷ 議員定数 25 ÷ 10 ＝　232.780

開票結果

出典：『選挙の記録』（平成 31 年 / 令和元年）東村山市選挙管理委員会

をするかというと、そういったことは一切ありません。議員バッチをつけることができれば、等しく当選議員なのです。

前ページの表は開票結果の一覧表です。このデータから、新人が８名が当選しているということがわかります。１名は元議長なので新と記載されているのかと思います。よって純粋な新人当選は８名です。

また現職の議員が４名落選しています。この時は、自民党のベテラン議員の方々がご高齢であったこともあり、後輩の新人に議席を譲り、一機に若返りを図りました。とは言え、民間企業の感覚で言うとベテランの年齢ですよね。しかし、政治の世界では民間よりもひと回り程度、年齢が高いと思います。

東村山市議会議員の平均年齢は60歳ですから、民間企業の平均年齢の40代前半と比べると年齢層が高めです。逆に言えば、70代の現役議員も珍しくない世界なので、あなたのやる気次第では生涯現役で働くことができて、人生１００年時代で活躍できる職業なのです。

次に分析したいのが政党別の当落人数と政党別の獲得票数です（左ページの表）。

まず、表の見方を説明します。自民党は当選が2名となっていますが、政党で出されている数字は公認だけになります。実際に自民党は８名の方が当選となっていますが、残りの６名は推薦なので、カウントされていません。これは、他の政党でも同じです。今回は他の政党は全員を公認とした理解します。完全な無所属は2名のみになります。

公認と推薦とは扱いが多少違います。政党により条件に違いがありますが、公認の方が党から強固なサポートを受けられる、と考えていただければよいと思います。

ちなみに、私は国民民主党の公認であると共に、自由党の推薦候補でした。しかし自由党は推薦なので、選挙管理員会などでレポートされる公式なものでは自由党の名は記載されていません（小沢一郎衆議院議員が共同代表であった自由党は玉木代表が率いる国民民主党と合流していますので、現在は存在していません）。

2）有効・無効投票及び無効投票の内訳

内　　訳		無効投票の内訳	
投票総数	59,564	候補者でない者又は候補者となることができない者の氏名を記載したもの	149
有効投票	58,195	２人以上の候補者の氏名を記載したもの	1
無効投票	1,369	候補者の氏名のほか、他事を記載したもの	2
		白紙投票	893
		単に雑事を記載したもの	215
		単に記号、符号を記載したもの	109

3）党派別・新現元別当選人数

選挙の別	党派別／新現元別	自由民主党	公明党	国民民主党	立憲民主党	日本共産党	東村山・生活者ネットワーク	無所属	合計
議　　員	新	0	0	1	1	2	0	4	8
	現	2	6	0	1	3	1	4	17
	元	0	0	0	0	0	0	0	0
	計	2	6	1	2	5	1	8	25

4）党派別得票数

自由民主党		公明党		国民民主党		立憲民主党	
得票数	率	得票数	率	得票数	率	得票数	率
7,208	12.4%	11,973	20.6%	2,100	3.6%	4,838	8.3%

日本共産党		東村山・生活者ネットワーク		幸福実現党		無所属	
得票数	率	得票数	率	得票数	率	得票数	率
8,749	15.0%	2,704	4.6%	344	0.6%	20,279	34.9%

合計	
得票数	率
58,195	100%

出典：『選挙の記録』（同）東村山市選挙管理委員会

　ここで、政党支持率と東村山市における政党別獲得率についてお話をします。

表を見ると私が所属する国民民主党は3.6％取得しています。当時の国民民主党、その他の政党の支持率（ＮＨＫ発表）をご覧ください。残念ながら、国民民主党は１％にも満たない支持率で、人気のない政党であることがわかるかと思います。

ここで、政党側から見た戦略について説明しましょう。当選するために重要な考え方なので理解してくださいね。

通常、市議会議員選挙は、政党支持率が投票総数の２％から３％を獲得できれば当選できると言われています。実際に東村山市の場合は15万人の人口に対して18歳以上の選挙権を持っている人が約12万６０００人です。その中で実際に投票に行ったのは48％の５万８０００人。５万８０００人×３％＝１７４０票です。最下位当選が約１４００票ですから当選圏内に入ります。極論を言えば、自民党か

政党支持率

（%）

政党名	
自民党	37.3
立憲民主党	5.4
国民民主党	0.9
公明党	4.4
共産党	2.4
日本維新の会	1.0
自由党	0.2
希望の党	0.0
社民党	0.2
その他の政治団体	0.2
支持なし	40.7
わからない、無回答	7.3

調査概要

調査時期	4月5日(金)～7日(日)
調査相手（人）	2,292
回答数（人）	1,250
回答率（%）	54.5

2019年地方統一選挙の頃の
NHKホームページから政党支持率

ら公認をされている人が1名であれば、次のような票が計算できます。

５万８０００人×政党支持率の37％＝２万１４６０票
もし、３人が出れば　２万１１６０票÷３人＝７１５３票
８人の場合は　２万１１６０票÷８人＝２６４５票
15人の場合は　２万１１６０票÷15人＝１４１０票で、全員が落選になります。

政党の本部からみると、何人を候補者として認めるかは、このような理論があると考えてください。また、同じ政党で立候補してもベテランもいれば新人もいます。ベテランや人気のある議員は３０００票も４０００票も一人で獲得します。そうなると単純な割り算で候補者を増やすと票が割れて、多数の落選者を出すことになるのです。

立憲民主党の政党獲得票割合をみてみましょう。8.3％です。３人が公認で立候補して１人が落選しました。少し、無理をして公認候補を出してしまったといえるでしょう。当時のＮＨＫの政党支持率をみてみると5.4％です。そうなると次のような予測ができます。

５万８０００人×政党支持率5.4％＝３１３２票

最低当選獲得票は1427票ですから、2人程度しか当選できないことは党としては予測できたはずです。

ではなぜ、党は無理に3人も公認をしたのでしょうか。

そもそも、政党支持率だけで当選できるようであれば、候補者個人は努力をしません。候補者本人の魅力や政策で政党支持率を上げてもらいたいというのが党本部の要望です。党本部の政党支持率だけで当選をするなら、政党は成長しませんよね。

当選するかしないか、ギリギリの下駄は政党も履かせてくれます。東村山でいえば、1000票くらいでしょうか。残りの500票は自分の努力で集めなさいというメッセージなのです。逆にそれができないなら、現職であろうが落選してもらって結構というのが党本部の考えだと思います。

ですので、政党に所属していても安泰ではないのです。しかし無所属の方は、政党支持率とは関係がないので履かせてもらえる下駄は一切ありません。下駄を履かせてもらえるだけでもありがたいことなのです。

私が選挙の準備で「政党に所属しましょう」と説明したのは、この下駄が履けるか履けないかは新人にとっては非常に重要だからなのです。

ちなみに東村山市で純粋の無所属で当選されている議員が2名いますが、二人とも5期と4

期の議員で、一番古い議員と2番目に古い議員です。無所属で4位と5位で上位当選されているので選挙に強い議員といえます。

話を立憲民主党の分析に戻します。党本部としては、政党支持率が5.4％であるにもかかわらず、東村山では8.3％を集めたのですから、議席数は前回の2議席から2議席と変更はありませんが、東村山市では政党支持率以上の票を集めたので、党本部の利益は大きかったと評価していると思います。

2人しか当選しないところに3人も送り込まれた候補者はしんどいと思いますが、市議会議員の上級議員である都議会議員候補や衆議院議員候補にはメリットが大きい結果となります。なぜなら彼らの票は、市議会議員が集めた票にプラスして自分の票で当選を狙います。市議会議員選挙の票は、ある意味自分の選挙での基礎票となるからです。

次に国民民主党と自由党の分析です。私が所属していた国民民主党は人気のない党で0.8％と1％にも満たない状況でした。自由党の推薦もいただいていたので0.2％を足してやっと1％です。基礎票を計算すると次のようになります。

5万8000人×政党支持率1％＝580人

つまり、政党支持率では確実に落選です。自分で1000票をつくらないことには当選できないという判断になります。この1000人をどこからつくるのかというと、次のような計算式が成り立ちます。

5万8000人×（100−既存政党の政党支持率の合計）です。

つまり無党派は、前章で説明したようにヒューリスティックな選択はしません。マーケティング戦略によって十分に私に投票をしてくれる層です。無党派の中でSTP（↓P169）をすることが重要です。支持なしが当時のNHKのデータでは約40％ですから、2万3200票がどこに投票されるかはわからないのです。この無党派の5％を取れれば、1160票で基礎票の580と合わせて当選ラインを超えることが判断できます。

その3　実際に行なった選挙マーケティング戦略

浮動票獲得のための戦略

それでは、どのように2万3000票の浮動票から票を獲得したのか、私がおこなったマーケティング方法を説明いたします。

選挙マーケティングにおけるSTPと3C戦略

まずは、前章で説明したようにSTPを実行しました。つまり浮動票で一番候補者のイメージやコミュニケーションによって投票先が変わる可能性があるターゲットTを明確にするために市場Sを細分化しました。具体的には年齢別、性別による有権者数です（p233の表）。

これをみるとわかるように、18歳の投票率は高いのですが、20代の投票率は低いのです。30代は少し増えるますが平均以下です。40代、50代になると一気に増え、一番高いのは70代であることがわかります。

私がターゲットにしたのは、働く現役世代の40代、50代でした。このマーケットだけで、およそ2万人がいます。無党派層の40％を計算すると8000人が存在します。これでSTP

はできました。

ＳＴＰが終わると、３Ｃです。この40代、50代の働く世代のニーズを分析していきます。

Customer（市場や顧客のニーズ変化）です。

事前調査で、都心へ通う有権者は公共交通の改善を望んでいる事はある程度、理解していました。働く現役世代にとっては重要な政策です。

Competitor（競合になるライバル候補者）の政策をホームページや広報で調べました。多くの議員が謳っているのが、高齢者むけの政策でした。高齢者の投票率は高いので、ターゲットとしてマーケティング的によいマーケットです。しかしいくらよいマーケットでも、多くの議員が同じ市場に集まれば競争も激しく獲得できる票はわずかです。逆にいえば、誰もターゲットにしていないマーケットに合致できる政策を打ち出せば、その市場のマーケットリーダーになれるのです。

公共交通の改善を政策にしている候補者はいませんでしたので、私の政策はぴったりとはまりました。実際に選挙期間中も政策の反応は大きく、これはいけると手応えを感じていました。産業誘致なども自分のキャリアが生かせそうな政策も打ち出しました。まさにCompany（自社が成功できる要因）を見つけだしたということです。

ＳＴＰ→３Ｃが終わるといよいよ４Ｐ戦略です。

12）年代別投票者数・投票（市議会議員選挙）
第１～２１投票区合算

年代別	当日有権者数			投票者数			投票率（%）		
	男	女	計	男	女	計	男	女	計
１８歳	725	659	1,384	279	280	559	38.48	42.49	40.39
１９歳	751	686	1,437	259	230	489	34.49	33.53	34.03
10歳代計	1,476	1,345	2,821	538	510	1,048	36.45	37.92	37.15
２０歳	720	719	1,439	200	202	402	27.78	28.09	27.94
21～24	2,795	2,852	5,647	647	734	1,381	23.15	25.74	24.46
25～29	3,313	3,324	6,637	827	921	1,748	24.96	27.71	26.34
20歳代計	6,828	6,895	13,723	1,674	1,857	3,531	24.52	26.93	25.73
30～34	3,727	3,640	7,367	1,155	1,324	2,479	30.99	36.37	33.65
35～39	4,386	4,250	8,636	1,549	1,776	3,325	35.32	41.79	38.50
30歳代計	8,113	7,890	16,003	2,704	3,100	5,804	33.33	39.29	36.27
40～44	5,296	4,981	10,277	2,091	2,162	4,253	39.48	43.40	41.38
45～49	6,339	6,067	12,406	2,720	2,863	5,583	42.91	47.19	45.00
40歳代計	11,635	11,048	22,683	4,811	5,025	9,836	41.35	45.48	43.36
50～54	5,738	5,384	11,122	2,622	2,659	5,281	45.70	49.39	47.48
55～59	4,916	4,652	9,568	2,505	2,492	4,997	50.96	53.57	52.23
50歳代計	10,654	10,036	20,690	5,127	5,151	10,278	48.12	51.33	49.68
60～64	4,102	4,178	8,280	2,174	2,421	4,595	53.00	57.95	55.50
65～69	4,587	4,775	9,362	2,840	2,985	5,825	61.91	62.51	62.22
60歳代計	8,689	8,953	17,642	5,014	5,406	10,420	57.71	60.38	59.06
70～74	4,156	5,015	9,171	2,726	3,379	6,105	65.59	67.38	66.57
75～79	3,708	4,720	8,428	2,573	3,166	5,739	69.39	67.08	68.09
70歳代計	7,864	9,735	17,599	5,299	6,545	11,844	67.38	67.23	67.30
80歳以上	4,817	8,201	13,018	2,875	3,930	6,805	59.68	47.92	52.27
合　計	60,076	64,103	124,179	28,042	31,524	59,566	46.68	49.18	47.97

年齢別・性別による有権者数
出典：『選挙の記録』（平成31年/令和元年）東村山市選挙管理委員会

選挙マーケティングにおける４Ｐ戦略

【Product（鈴木たつおという商品）とPrice（鈴木たつおという商品価値）】

ＳＴＰや３Ｃ分析により候補者の商品価値と攻めたい市場が明らかになってきました。ＩＴ企業のビジネスマン出身で会社経営のキャリアがあります。この強みを活かせる政策を訴えて、その実現ができるのが「自分という商品」であると決めました。

商品名（鈴木たつお）を売り込むには、そのような商品価値（Price）を一発で理解してもらうようなキャッチフレーズが重要です。たとえばオリックスという企業では、「やる気マックスオリックス」がキャッチコピーになっていますが、金融以外にもさまざまなサービスを手がける、やる気のある企業とイメージが沸きます。「技術の日産」というキャッチコピーは自動運転や電気自動車などの最新の車を手がけるチャレンジな会社というイメージがつきます。

私のバリューは、長年ＩＴ企業で働き、ＩＴの知識と企業経営者として働いてきた経営感覚と営業力でした。これをひとつの言葉で表すために「東村山の営業部長」と名付けました。演説のときは、「人と企業を呼び込む東村山の営業部長」と訴えるのです。人と企業を呼び込めれば、地域が豊かになることは誰にでも想像はできます。私の経験が政策に活かせそうなイメージを市民にアピールしやすくなるのです。

【Place（商品　鈴木たつおを一番理解してくれそうな人が集まる場所は）】

「鈴木たつお」という商品と価値を明らかにすることができました。ＩＴ企業のビジネスマンとして、経営者として働いてきた私が、バリューを発揮できそうなのは、企業や産業の誘致、公共交通の利便性を高めるまちづくりや、ＩＴ技術を利用した医療政策などであることが明確になりました。

都心へのアクセスを改善するための政策が私の目玉の政策ですが、このような政策を訴える場所（Place）はどこが一番よいのでしょか。畑の真ん中で訴えても都心に通わない方々には何も関係ない話です。また高齢者があつまる集会で訴えても、現在働いていないので、通勤のための交通政策には興味もありません。

このような政策を一番気にするのは、今も働く、都心に通勤するサラリーマンの皆さんです。具体的には通勤ラッシュ時に電車に乗り込むために駅に集まる人たちです。逆に都市農業の政策を訴えるのに駅前でやっても聞く人はいません。Place 本来は流通という意味ですが、自分の政策を流通させる場所をしっかりと選択することが重要です。

【Promotion（鈴木たつおをどうやってプロモーションするのか）】

選挙で代表的なプロモーション方法として、ポスター、政策リーフレット、名刺、街宣車、駅頭演説、知人・友人・支援者への個々面接、などがあります。このやり方は古いとはいえ、現在においても重要なプロモーションツールです。

ここにも独自のマーケティング方法があります。私が実際に行なっていた方法を順番に紹介します。

●統一感

ポスターからリーフレット、名刺においてすべて同じ顔写真で同じカラーで、同じつくりにしました。名刺が大きくなったのがポスターであり、逆にポスターが小さくなったのが名刺です。リーフレットも青基調で、小さなポスターを受け取ったような感覚です。

投票行動に際し、候補者選択の情報処理をするときには、長期記憶から選択の情報を導き出すという理論を新倉教授が説明していますが、そもそも候補者の印象がなくては長期記憶から呼び起こすこと自体ができません。同じ方法で何度も短期記憶に候補者の印象を刷り込むことで、ようやく長期記憶に入り込むのです。あとは、投票する直前に私に投票をする動機をつくりだせばよいのです。

●遠くから見てもわかるように

私は、基本的に地元で仕事をしている時はいつも濃紺のスーツに真っ白いシャツにピンクのネクタイを着用しています。いつも同じ格好といわれますが、あえて同じ格好にしているのです。同じスーツとネクタイとシャツがいくつも用意してあります。これは、鈴木たつおというイメージとブランドづくりを自分なりにしているのです。

選挙期間中も選挙が終わった今も徹底しています。これはとても効果があり、市民の方に「濃紺のスーツとピンクのネクタイを見ると、鈴木さんを思い出す」と言われます。また、かなり遠くからでも、「濃紺にピンクのネクタイをしている人」という情報だけで私に気が付いてくれることもあります。少しずつですが、私のイメージが浸透し始めている、ということなのだと思います。

●300件を3回まわれ！ 個々面接の極意

ポスターやリーフレット、街宣車でのプロモーションが空中戦だとすると、地味ですが、効果が大きいのは白兵戦である支援者への個々面接です。面接するリストは政党に所属していれば、ある程度は党からもらえます。政党に所属することで支援団体もつきますので、場合によっては支援者団体も同行して面接の協力をしてくれます。

この訪問は地味で時間もかかり、候補者のなかには嫌がる人もいます。また、やみくもにまわっていても効果はありません。もし、まわるなら事前にデータを分析して必要な情報もデジタル化することで効率的に、短期間で面接を行なうことが可能になります。

大事なことは、個々面接をするなら、最低限、各支援者を2回は訪問することです。可能であれば、各支援者を3回まわることが必要だと思います。さらに、選挙期間中は、まわったところに電話もいれましょう。1000件を1回まわるよりも、300件を3回まわるほうが票数にはなります。これも長期記憶にインプットする行動です。

ポスターでも駅前でもあなたの顔を見るようになって、ここで長期記憶に蓄えられることができれば、選挙公報が発せられたときに有権者があなたのことを思い出してくれることを期待してのことです。

●モバイルデータを使いこなせ

私は、訪問名簿とグーグルマップを連動させていました。支援者をまわるときに、このシステムでルートを決めてからまわります。やみくもにまわると時間がかかりますが、グーグルマップにあらかじめエクセルで作成した名簿をソートしておくのです。住所部分にマウスを近づけると支援者の方の名前が出てきます。それをクリックすると前回、お話しした内容やその方の仕事やご家族のことなどがわかるようになっています。

何度かまわると、このデータにいろいろな情報が蓄積されていくので、次にその方に会う際に話の材料として活用できるのです。自分のことを覚えていてくれると、うれしいですよね。

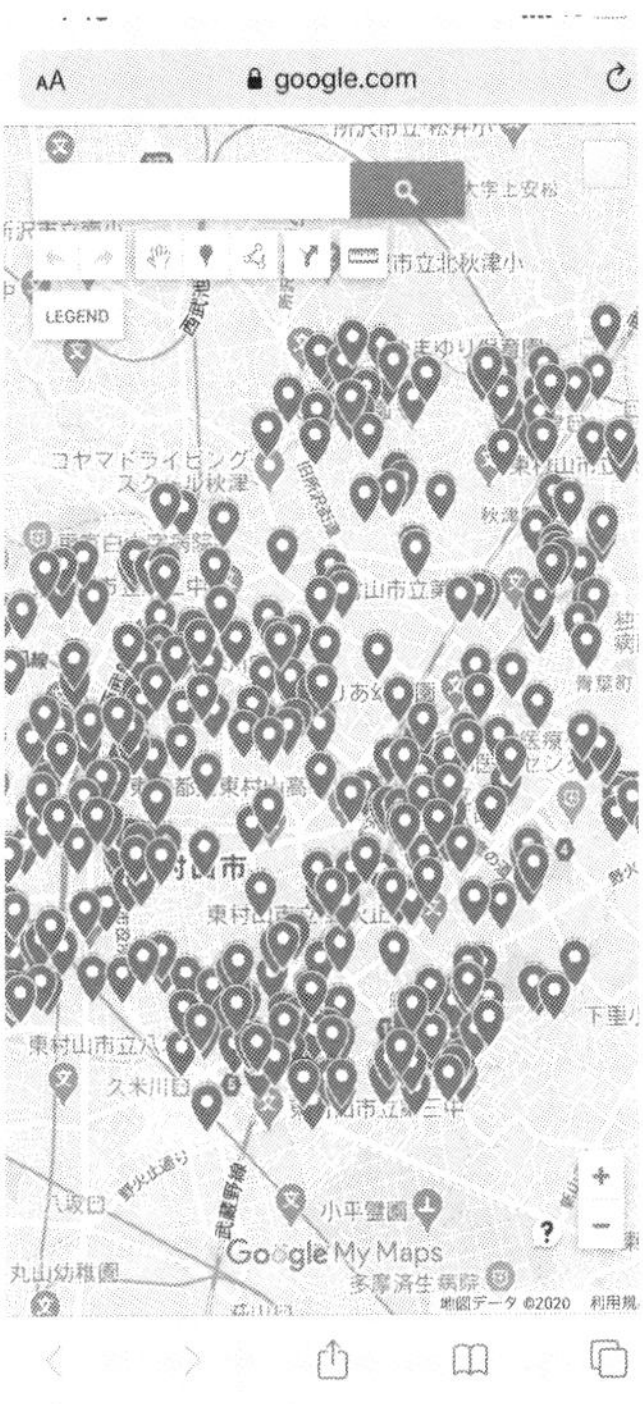

もし私が支援者の立場だったら、「この人、前回話したことをよく覚えているな」、「自分のことを大切に思ってくれているのかな」と思うでしょう。だからそれを、自分が支援者の方とのつながりのなかに取り入れている、というわけです。ここが、新しいところです。

●データを宝の持ち腐れにしない

従来の選挙戦や議員活動でも、パソコンに保管されたデータには名前と住所と電話番号も記憶されているでしょう。活動報告書ができると、データをもとに郵送で送る、という対応を、これまでの議員たちも行なってきたと思います。

もちろん、この作業だけでもしっかりとやっている議員は上位当選しますし、結果も出しているのが一般的です。しかし新人のあなたが現職に勝つためには、今までのやり方以上のことをしなくてはなりません。何度もお会いして、お話しし、そうした情報をアップデートしていくのです。また、データというものは事務所のパソコンの中に保管されていたのでは意味がありません。データベースに顧客カードのような欄をつくり、会話で仕入れた情報をどんどん集めるのです。そのデータは訪問時にいつでもパッドで見られるようにします。

私の場合は、チャイムを鳴らす前にパッドで前回話した内容を確認します。また、訪問後には話した内容をすぐにアップデートします。あまり詳細に記録しようとすると、時間を取られ、訪問する数が減るのでキーワードを中心に数分でやれる内容だけ書きます。

●街宣車

最近、「街宣車は意味がない」、「うるさい」などとネガティブな意見も多く、議員によっては今どきではないからやらない、とか、ガソリンをまき散らかして大音量を出して走る街宣車は下品、環境に悪い、と言っている議員もみかけます。選挙は各候補者のやり方があるので私は否定もしません。しかし私は違う考えを持っています。

　繰り返しになりますが、選挙はマーケティングです。マーケティングの基本的な戦略にマーケティングミックスという言葉があることはお話しました。マーケティングミックスとは、前述した３Ｃや４Ｐを戦略の中でうまく組み入れていくことです。

街頭で支援者の方と握手

　しかしその何か一つが爆発的な効果を生み出すということではありません。一つひとつのアクションが交差して抜群の効果を発揮するのです。とはいえ、戦略もなく、いろいろなことをやっても、労して結果が出ないということになります。

　戦略を実施していく順番も大切なのです。街宣車は選挙本番の空中戦です。

それまでは、地道に支援者と会話する機会をつくり、その時間を大切にします。逆にこの時間をいい加減に過ごすと結果は出ません。会話をすることで地域の課題も見直せます。政策の微妙な変更もこの時期に行なうのです。戦略に最も影響するのが支援者とのコミュニケーションなのです。

話を街宣車に戻しますと、事前に有権者とのコミュニケーションができていると街宣車の効果は抜群です。私の街宣車が近づくと、面接済みの支援者は、私が「選挙戦でがんばっている」と、好意的に感じてくださるようです。

一方で、コミュニケーションができていない場合は雑音でしかありません。ポスターやリーフレット、広報誌のような空中戦しかしない方の街宣車がまわってきても、わずらわしいだけでしょう。つまり街宣車は、今までコミュニケーションをしてきた自分の支援者に「いよいよ選挙戦が始まりましたよ」と呼びかけるツールなのです。

これを勘違いして、コミュニケーションがない有権者にも「街宣車だけで1票が入る」などと思っていると痛い目にあいます。マーケティングミックスで積み上げてきたコミュニケーションや施策が土台となって、最後の追い込み時期に街宣車が効果を発揮するのです。

その４　実際に準備したマーケティングツール

演説セット

マイク、のぼり、ボードの3点セットを持ち歩き、準備して駅前、交差点、スーパーなど人の多い場所で演説をしていました。通常の演説ではトラメガという拡声器を使いますが、私は使いませんでした。理由はうるさくて音質が悪いからです。私が使ったのはストリートミュージシャンが使う音響セットです。

具体的にはヤマハのストリートというアンプスピーカーです。ストリートミュージシャン用なので音がクリアで音質もよいです。有権者の皆さんにとって心地よい声がしっかりと聞こえるのです。政治家たちが拡声器を抱えて熱っぽく演説する姿は絵になりますが、独りよがりのような気がしていました。

ただし、音がよく、しっかり聞こえるので有権者に確実に届きます。政策がしっかりしていないと逆効果です。その点、拡声器だと聞こえにくいので、中身があまりなくてもがんばっている感は演出できます。

どちらを選ぶかはあなたの自由ですが、せっかくよい政策を考えたのなら、音質のよいスピーカーで、有権者の皆さんにしっかりと伝えましょう。クリアに聞こえる分だけ厳しいフィードバックを受けることもありますが、フィードバックによりさらに政策は磨かれます。臆することなく挑戦してほしいです。

政策リーフレット

選挙本番前にある程度、マーケティングデータを吸い上げて、把握することが大切です。STPであなたがターゲットした年齢層に合わせた政策もつくりました。メッセージであるリーフレットを渡すのに際し、ターゲット層が一番多くいそうな場所を探しましょう。そして、そこでの受け取りの反応をチェックする必要があります。

私の場合はメインターゲットを40歳～60歳の勤め人に設定しました。さらに同世代の40代、50代の女性は投票先が決まっていないことが多いというデータをもとに、この市場をTire1としました。

このターゲット層は通勤があるので、朝は駅から電車に乗り、夜は駅前のスーパーで買い物をして帰ります。この有権者の導線を考えて、どの時間帯にどこで、どのような方がリーフレットを受け取ってくれたのかの定点観測を行ないます。

私の場合は、A駅の北口、南口、B駅の西口と東口、C駅の改札前、D駅の改札前で、5時

30分〜8時30分の朝3時間、17時〜20時の3時間と時間を決めて、受け取ってくれる数字を記録しました。

2月10日　A駅　北口

5時30分〜6時30分　31枚
6時30分〜7時30分　86枚
7時30分〜8時30分　41枚

17時〜18時　39枚
18時〜19時　24枚
19時〜20時　19枚

2月11日　B駅　東口

5時30分〜6時30分　9枚
6時30分〜7時30分　24枚
7時30分〜8時30分　13枚

駅ちかくのスーパー

17時～18時　47枚
18時～19時　29枚
19時～20時　22枚

このようなデータ収集を選挙前に約2カ月間行ないました。そうすると数字から仮説が出てくるのです。

・A駅は受け取り率が高いが、B駅は低い
・夕方の早い時間は専業主婦の方々も受け取ってくれる
・比較的、ターゲットしたマーケットの受け取り率がよい

など、いろいろなことが理解できました。この時のデータをすべて公開はできませんが、STPでターゲットした市場に私の政策（商品）はしっかりと届いていたことが証明されました。

さらに細かくいうと……

政策の変更やテコ入れは若干行ないましたが、ここでの判断は、大枠で間違っていないということがわかりました。実際には、マイクを入れて演説をしたときの受け取りと、無音で配布するときの受け取りの違いや性別なども確認しています。

さらには、グーグルマップで確認すると支援者の方がどこに住んでいるのかプロットできます。支援者の地域と最寄り駅との相関性も確認しています。町別で所得も出ていますので、所得との相関性も確認しました。これはどういう意味かといいますと、所属政党によりある程度、地域や所得も関係するということです。詳しい内容は、その道の専門家や大学教授たちがいろいろな本を出版されているので、そちらを参照ください。

市内の町別平均所得など公開されているデータはたくさんあります。本格的な相関性を分析するならＳＰＳＳやＲといった分析ソフトを使うほうがよいと思いますが、そこまでやらなくてもデータを並べれば、ある程度は感覚で理解できます。

ソフトを使うメリットは、その相関性が客観的に正しいといえるのか、言えないのかを正確に判断してくれるところですが、あまりこだわる必要はありません。実際の戦いは、現場です。しかし、無名の新人候補が、ベテラン議員と互角に戦うには、しっかりとデータで自分の立ち位置を分析していく必要もあります。

そして、このようなデータを集めても、使わなくては意味がありません。データ戦略に目をつけたのは、選挙の本番に向けて効率的な動きをするためです。

選挙は公平です。市区町村議員、県会議員の場合の選挙期間は1週間です。貼ってもよいポスターの枚数も同じです。街宣車の数も同じ。配布できる印紙付リーフレットの数も同じ。活動できる時間も、朝の8時〜20時。現職議員だろうが新人候補だろうが、同じなのです。

つまり、選挙の本番で同じことをやっていては、百戦錬磨の現職には勝てないということです。限られた時間のなかで、何をやって何をやらないのか、を選択する必要があります。選挙前にデータを取っていますので、本番では、駅頭をやらない場所と重点を置く駅をデータで判断しました。

また、時間帯データを参考に、場所や行動も変えました。選挙前の活動は、本番でいかに効率よく動くかのテストマーケティング時期なのです。このテストマーケティング活動には副次的効果もあります。有権者から政策のヒアリングやコミュニケーションをしているので、あなたの印象が有権者の記憶に残っていることです。

消費者行動論でいう、長期記憶に保存された記録を購買に結びつけるための動機やキッカケをつくるのが重要と新倉教授も述べていますが、選挙期間の1週間はそのきっかけづくりの活動なのです。

街宣車と自転車

街宣車の有効的な使い方については、２４０ページに書いた通りです。最後の機動力として大きなチカラを発揮するものです。

一方、支援者方への訪問等で使い勝手のよかったのは自転車。私の場合は、ある支援者の方が、小さい旗を自転車に刺さるように改良してくれたので、旗付き自転車で支援者や支援団体をまわりました。本当に重宝しました。もちろん、自転車でまわるときもデータは常に持ち歩き、会う前にパッドで前回話した内容などを確認してから会話をしていました。

自転車に支援者Ｍさんが旗をつけてくれました。
大事な私の〝愛車〟です。

グーグルマップ連動の名簿システム

これは、私たちの陣営にとっては宝であり、今でも後援会メンバーや事務所のスタッフと大切に使っています。そのため、詳しく説明することはできないのですが、データを継続的に取り続けてアップデートすることをしています。アップデートしていくことがとても重要です。

実際にデータ管理をしているのは、私の支援者で、今でも後援会の重要なメンバーであるMさんです。彼はデータとタスク管理とスケジュール管理が大好きで高い能力を持っています。このシステムも彼がつくりました。彼はSEなので、こんなものはシステムとは言わない、と謙遜しています。確かにシステムというと大げさかもしれません。しかし、ITに遅れた政治の世界では、画期的なマーケティングシステムだと思っています。

Mさんはデータに基づいて意見を言う人で、私が主観的に話すことをデータから分析するのが好きです。もちろん、私の「感ピュータ」も当たっているケースもありますが、思い込みも多々あります。

リーフレットを配布した場所や時間と枚数も、Mさんに報告していました。現在も、何か動きがあると記録を残しています。彼はいつもこう言っています。「データは生き物だ」。日々小さなことでも記録することで、何かことを起こす際の判断に役立つということです。私が当選できたのも、彼のようなスタッフがいてくれたからなのです。

その5　３人寄れば文殊の知恵

コアメンバーは少数でよい

選挙には多くの人が関わりますが、実際はあなたを応援する数人がいれば十分です。先輩議員たちからも「選挙は３人いればできる」と何度も聞きました。もしあなたが、既婚者であれば奥さんと友人一人で十分です。私の場合は、後援会長のKさん、データ大好きのMさん、親父的存在のCさんと候補者の私の４名がコアな組織メンバーでした。

頼れる兄貴、後援会長のKさん

後援会長のKさんは私よりも少し年上で50代前半の男性です。常に笑顔で人に接する前向きな性格で少しハンサムです。なので、リーフレットを配布すると、候補者の私よりもKさんから受け取る人（特に女性）が多い、なんていうこともありました（笑）。

Kさんもご自身で会社を経営されており、中小企業の支援団体系の集まりで紹介されたのがそもそもの出会いです。最初はただの趣味友だちでしたが、最終的には選挙を取り仕切る選対部長として切り盛りをしてもらいました。このように言うと選挙のベテランのように思うかもしれませんが、完全な素人です。彼は中古車販売の会社を経営していますが、政治にも興味がなく、選挙についての知識はゼロでした。

少し軽いが、頼りになる兄貴の後援会長葛西さん

しかし、党から公認されるや、Kさんは持ち前のコミュニケーション能力で党本部と連絡を頻繁に取ってくれて、知識を急速に付けていきました。事務局長とも仲良くなり、いろいろと準備をしてくれました。

選挙に関わる届け出や選挙管理員会との書類確認等もKさんがすべてやってくれました。そのおかげで、私とMさん、Cさんは現場の仕事に注力できました。

電話をかける人やリーフレットを配る人、ウグイス嬢など選挙には多くの人出が必要です。選挙期間中、ボランティアに知人をたくさん集めてくれて、本当に助かりました。もちろん、私の大学院の女性友だちも参加してくれて、皆さん、忙しいなかで有給を取得して、ウグイス嬢をボランティアでやってくれました。また、私の以前勤めていた会社の友人や学生時代の友人などはリーフレット配りなどでボランティア参加してくれました。こうしたボランティアの動きを、リーダーとして指示していたのがＫさんです。

候補者の私も基本的には、Ｋさんの指示で動く形の指揮命令系統で活動していました。選挙期間中の朝礼も夕礼もすべて仕切ってくれました。朝一番に選挙事務所に来て、鍵をあけて、最後に事務所を出るのも彼だったと思います。

選挙期間中、夕礼が終わるとＫさんに、「早めに帰って、明日に備えろ」と言われて早く帰っていたので、Ｋさんが一番最後に帰っていたという事実はあとから知りました。

データの鬼、参謀タイプのＭさん

Ｋさんをはじめ私やスタッフの動きを、すべて裏方として作業してくれていたのがＭさんです。ＷＢＳというプロジェクト管理表を作成して、各人のタスクとスケジュールを管理していました。このＷＢＳを見て選挙直前はミーティングを行ない、抜けや漏れがないかを確認していました。このWBSも重要ですが、簡易なもので十分なので活用してください。大切なのはチームで見える化して、全員で進捗を確認することが重要なのです。

また、Mさんは、さまざまなことをデータとして記録しますので、グーブルマップの名簿システムを常にアップデートさせていました。今までの選挙ではあまりデータが重要視されていなかったと思います。新人で無名のあなたが勝つためにはデータは非常に重要です。

父親代わりのCさん

Cさんは私が支援を受けている団体の元幹部です。Cさんは団体にも私を積極的に紹介してくれたり、Cさんの自宅近所に住む方々に私を紹介してくれたり、お祭りでも私を積極的に紹

データの分析から細かい裏方の仕事まで完璧にこなす松井さん

介してくれたりと、私の営業活動を積極的に行なってくれました。もちろん今でもサポートしてもらっています。

選挙期間中は街宣車の運転手を朝から晩まで、最初から最後までやってくれました。Cさんも K さん、M さんと同じように選挙戦に関わったのは私のケースが初めてで、プロではありません。しかし、政治には確固たる信念を持っており、市民の目線でよいアドバイスをたくさんもらいました。私は今でも自分の政策や考えていることを、まずはCさんに話して意見を聞きます。彼がよい反応を示さないものは、基本的にはやりません。ときに、彼にもわからないことがあり、そういうときは「わからない」とちゃんと言ってくれますので、彼がわからないことは、私が決断する場合もあります。

選挙後もCさんは、傍聴席で議会を見に来てくれます。私の議場で発言した内容の良かった点や悪かった点を評価してくれるのですが、私の表情も含めて細かく教えてくれるので非常に参考になっています。

この三人を企業の役割で考えると、K さんが COO（最高執行責任者）、M さんが CIO（最高情報責任者）、C さんが営業顧問という位置づけかな、と思います。それでは、肝心の CEO とは誰でしょうか。

陽気で、親父さんのような千田さんは、良き相談相手です。

ＣＥＯは候補者である「自分」です。

本書では候補者は商品であると言い続けましたが、商品でもありＣＥＯなのです。実際の選挙では候補者は商品に徹するべきです。

私の場合、表の社長はＣＯＯのＫさんです。しかし経営責任は負いません。落選したら責任は立候補を決意した私にあります。

本書を読んで議員になろうと動き始めたあなたにお伝えします。組織をつくっていくのは、ＣＥＯのあなたです。そして、組織ができれば、あなたは商品に徹すればよいのです。

その６　選挙が終わったあとのマーケティング活動

顧客の維持管理の重要性

マーケティング用語にリテンションマーケティングというものがあります。顧客の維持管理です。議員にとっては、投票してくれた有権者が顧客になるわけです。議員は本来、全市民のために働くことが使命です。本来なら全市民とのコミュニケーションを大切にすべきでしょうが、時間も限られています。また、本当にあなたに一票を投じてくれたのかはわかりません。

しかし選挙期間中にお手伝いをしていただいた方々は、間違いなくあなたに投票してくれています。また、選挙期間中に事務所に訪ねてきて、陣中見舞いを持ってきてくれた人や、出陣式に参加してくれた人も間違いなくあなたに投票をしてくれています。芳名帳に書かれた名前と連絡先に当選結果を電話などでしっかりと報告しましょう。

選挙期間中にコミュニケーションしていた方々も、かなりの確率であなたに一票を投じてくれています。選挙が終わったあとに、可能な限り電話で報告しましょう。しっかりと結果と喜びを分かちあうことも、確固たる支援者層にしていくのに重要なプロセスです。

関係性マーケティングのフレーム

現在、マーケティングの世界では、顧客との長期継続的な関係性をいかに構築するか、が重要な課題とされています。これは、組織と顧客（関係集団含む）の関係性を重視するマーケティングであることから、関係性マーケティング、または、リレーションシップ・マーケティングと呼ばれています。

一般的に「選挙」というと、「いかに今回の選挙で多くの有権者に投票してもらうか」というその1点だけが重要かのようにいわれます。しかし、あなたが最低でも3期12年、長い年月をかけ、社会の役に立つ議員としてセカンドキャリアを歩もうとするならば、支援者に継続的に投票してもらう必要があるのです。

関係性マーケティングは顧客の購買や消費行動（選挙の場合ですすと投票行動ですね）の前後のプロ

出陣式であいさつをする筆者

セスを包括的にとらえます。具体的には購買前、購買時、購買後のプロセス全般で顧客に対し、マーケティング活動を行なうのです。選挙に置き換えると、こうなります。

①選挙前のプロセス

無名の新人のあなたに投票し、初めて支援者になってもらう前段階を「トライアル誘導」、または「誘客のマーケティング」という。

②選挙期間中のプロセス

「リピート誘導」、または「インタラクション促進のマーケティング」。

③選挙後のプロセス

「顧客リテンション」のマーケティング。

当選後も休む暇はない！

選挙が終わるとすぐに議会が始まります。しばらくは、支援者とのコミュニケーションは取りづらくなります。選挙が終わったら議会が始まり、かなり忙しくなり、せっかくあなたに投票してくれた方々とも疎遠になりがちです。しかし、人は宝です。せっかく積み上げた関係性を、ここで大事にすることがとても大切です。

私は、議会が終わるごとに、議会報告会を開いています。公民館の一室を借りてやっています。

私のやり方ですが、議会で何をやったのかを一方的に説明することにはしていません。今どきの市議会はインターネット中継をしているので議会の様子はインターネットで市民に中継されます。また中継されたものは録画されて、議会終了後にアーカイブとして市民がいつでも役所のホームページにアクセスして動画で観ることができます。

この動画を事務所のスタッフが編集してくれています。編集が終わると自分のホームページに議会報告会の様子をダイジェストでアップもします。フェイスブックにもアップします。そして、なによりも一番メインイベントである公民館で行う議会報告会で動画を流します。

選挙事務所

この動画では、私の質疑や質問だけでなく、行政側の答弁も入っているので参加者は何をやり取りしているのかわかりやすいと大変好評をいただいております。

また、動画を流す前にどのようなことが議論されるのか、ポイントを事前に説明するのと、議会ではわかりづらい言葉が多いのであらかじめ解説もしておきます。

だから、政治に詳しくない方が見ても安心して見ることができます。動画にもキャプチャーや解説も入れるので動画だけをダラダラとは流していません。

都合がつかず、参加できない支援者もたくさんいますし、インターネットやフェイスブックなどをやっていない支援者もいます。そのような方々には、議会報告書を郵送します。もちろん郵送代はかかりますが、必要経費です。

議会が終わると、映像を編集してダイジェスト版を作成して流します。

私の場合は、議会報告会のお知らせに参加申込書も兼ねたものを送っています。支援してくださる方のことをちゃんと覚えていますよ、という気持ちを伝える一つの方法だと思っています。

出席できるときに来てくれればそれでいいのですが、なかには、私が訪問した際に、「いつも案内をもらっているのに行けなくてごめんね。行けないけど、資料は読んで応援しているから」と言ってくださる方もいます。

このように、せっかく選挙を通じて出会った大切な方々としっかりとコミュニケーションを続けることで、市政の問題もさらに見えてきます。あなたの政策づくりで役に立つ情報を得られる機会がたくさん増えます。

議員は「なること」も大切ですが、「なったあとに何をするのか」がさらに重要です。

定例議会が終わると支援者を集めて議会報告会を行なっています。

そのためには、あなたが市民と積極的にコミュニケーションできる場をつくり出すのと同時にメッセージを発信していくことが大切なのです。

定例議会が終わると、支援者の皆さんに議会報告会のお知らせと報告書を送ります。

対談
選挙マーケティングの理論と実践

出席者
新倉貴士（法政大学大学院経営学研究科 教授）
鈴木たつお（東京都東村山市議会議員）

テーマ① もやもや症候群とセカンドキャリアについて

——本の最後に執筆された鈴木たつお議員と新倉貴士教授にお話を伺います。まず、本書で「中年のもやもや症候群」を抱え、「もや中」真っ只中の方々に、議員というセカンドキャリアをすすめていますが、実際にこういう「もや中」の中高年ビジネスマンは多いのでしょうか。

鈴木たつお議員（以下、**鈴木**）　私が一緒に働いていた仲間や先輩が、50歳を超えて、役職定年を迎え始めています。それなりのポジションにあった方は自分が置かれた状況を飲み込みにくいように感じます。納得はできませんが、我慢をしながら働いている人が多い気がします。しかし、人生は一度っきりです。納得のいかないビジネスマンを10年続けて枯れていくよりも、新しい挑戦をして、セカンドキャリアを手に入れるほうが人生は楽しいと思います。

新倉貴士教授（以下、**新倉**）　人間って、先が見えてしまうと、一歩も前に踏み出せなくなってしまうものなんですよね。これまでに、卒業生も含めてかなり数の方々の相談にのってきました。皆さんが共通に抱えていたのは、「先が見えた」という現実でした。何とかそれを打開したくて、突破したくて、と悩んでいるようでした。

zoomにて対談中。

私にできるのは、彼・彼女らに、できるだけ多くの選択肢を提供してあげることかと思っています。仕事柄、人間の「意思決定」を研究しているので、他の人よりは「多少は役に立つかな」と思いつつ、相談にのっています。

ひとつの選択肢として、職場から一度離れて、その職場を俯瞰して見ることができる立場に身を置くことが必要だと思っています。その意味で、うちの大学院を薦めることがあります。ホンの2年ほどのプログラムですが、修了後には皆さん、活き活きと見違えるようなんですよ。中には、学び直して、セカンドキャリアとしてステップアップされていく方も多くいます。

また、勤勉な方では勉学が楽しくなって、元の職場をとても気に入っていたのですが辞めてしまい、大学の教員になった方もいます。40代後半、50代で私のゼミに来て、大学教授になりましたね。鈴木さんも40代後半にきて、セカンドキャリアで議員となりました！

今、ひとつ重要なファクターがあるように感じました。それは、当の本人が「本気」で自分の人生に向かい合っているかどうかというものです。見違えるようになっていく方々って、何か「本気」を感じる気配があるんですよ。おそらく、「もや中」にいる自分と、本気で戦っていたんじゃないですかね。

テーマ② なぜマーケティングを勉強しにきたのか

——今回はマーケティング、とりわけ消費者行動論にフォーカスして述べられていますね。「マーケティング」という用語はあちこちで多用されていますが、「消費者行動論」という用語はまだまだ一般には、それほど知られていない学問分野ですよね。

鈴木 新倉教授、今回はマーケティングの理論的な内容を書いていただき、ありがとうございました。先生の理論を実践して当選したようなものですので、あらためて感謝申し上げます。

新倉 とんでもありません。鈴木さんの理論を実践する力が、当選を引き寄せたんですよ。われわれのアカデミックサイドでは、個々の消費者の行動を観察したり、個々のブランドと消費者の関係を捉えて事例として考察していくなかで、本質的なものを抽出して概念化して、それらを組み合わせてモデルや理論を構築していきます。

このようにして、独自のモデルづくり、オリジナリティのある理論づくりが研究のおもしろいところなんです。でも、この本質的なものを抽出していく抽象化のプロセスで、そぎ落としてしまうものがあるんです。それがある意味で、「現場の知」といわれるものです。

モデルや理論は、一般化できるほど優れたものといわれます。たとえば、A業界だけで通用するモデルや理論よりも、B業界やC業界でも通用するモデルや理論のほうが優れているとみなされます。そうしますと、アカデミックサイドでは、各業界に固有の「現場の知」よりも、むしろ各業界に共通する「普遍の知」を求めていく姿勢が強くなります。

ところが実務社会では、うちの業界だけに通用する「現場の知」を求めます。ここに、アカデミック界と実務界の乖離が生じるわけです。ですので、「普遍の知」を「現場の知」に戻してあげる作業が必要になります。乾燥ワカメを水で戻すようなイメージですかね（笑）。

消費者行動論では、これまでにたくさんの豊かな概念、モデル、理論が生み出されてきました。これらを、それぞれの業界の、いろいろな水で戻すという作業をすることによって、かなり広範囲に適用できると思っています。おそらく、鈴木さんは、消費者行動論のさまざまな理論を、政界という業界の水にうまく戻して実践したのだと思います。

――鈴木さんは、入学したときには落選中でしたが、そもそもなぜビジネススクールに行こうと思ったのでしょうか。しかも、マーケティングコースですよね。

鈴木　実は、ビジネススクールに行く前に、都議会議員選挙に出馬して落選しました。その時の選挙は、当時の総支部長という方の言われるままに活動をしました。マーケティングという考え方などまったくなく、論理的ではなく、莫大なコストだけ費やしました。

当時、選挙資金として用意したお金は1000万円でしたが、「少ない！」と怒られてしまい、党からの公認費用の300万円を含めて、1700万円も費やしました。用意したお金の使いみちを自分で判断することが許されず、請求書が届くたびに、ため息をつきながら支払いに応じていました。莫大なコストと時間と、納得のできない指示に耐えながら過ごした結果は、見事に落選でした（苦笑）。

そのときに、よくもわるくも、経験した選挙方法に疑問をもちました。自分なりのやり方をやって落選したならば納得ができますが、まったく言われるがままであったことを後悔して、自分なりのマーケティング理論を実現したいと思いました。そのために、20代のころにすでに大学院で勉強していた経営学やマーケティンですが、もう一度20年ぶりに、大学院で同じように勉強し直そうと決めたのです。

テーマ③　選挙マーケティングについて（学術と実践をテーマに）

――党から配布される選挙のためのマニュアル本とか、ノウハウ本のようなものはなかったのですか。

鈴木　党の事務局長には、選挙のイロハやノウハウをたくさん教えていただきました。しかしマニュアル本などはありません。だからこそ、役に立てばと思い、このような本をつくりました。しかし、理論に関しては、しっかりとした内容を書く必要がありますので、師匠の新倉教授の力をお借りしました。

新倉　この本を読んでいただければ、鈴木さんの選挙に対する熱い〝想い〟が、どれだけ〝重い〟かがよくわかっていただけると思います。

鈴木さんは大学院入試の口頭試問で、「選挙をマーケティングの視点からとらえ、投票行動を研究したい」という明確な目的意識をもっていました。

修士1年めに、私の担当する「消費者行動論」を履修して、投票行動に照らしながら、積極的に消費者行動論を理解しようとしていました。「今回の先生の話は、選挙の投票行動にうまく使えそうですね」という質問を授業後によく受けました。常に、実践を想定しながら理解を深めていたようです。単純な作業にみえますが、根気のいる作業だと思います。

修士1年目の年明けに、ゼミの配属が決まり、春休み前くらいから一緒にゼミを始めました。最初はいろいろな先行研究を調べてもらい、選挙と投票行動に関する網羅的な文献収集と、それらの読み込み作業をしていただきました。また、自分の選挙活動を事例として組み込みたいという希望があり、「これはおもしろい！」と思いましたので、生きた事例研究という側面も取り入れました。また、マーケティングリサーチ会社の知人の調査協力を得て、実証研究にも取り組みました。

欧米の消費者行動研究の学会は規模が大きく、研究者の数もとても多く、研究対象もさまざまです。そんな背景もありまして、単に企業のマーケティング対象としての消費者だけではなく、非営利組織や政治の対象としての消費者がとらえられています。

ですので、選挙をマーケティングとしてとらえた場合、一票を投じる投票者を消費者としてとらえることに何の不自然もありません。先ほどいいましたように、これからの日本の選挙状況を考えますと、こうした視点の研究をどんどん増やしていく必要があると思っています。

――サラリーマンが議員になろうとすると、本当にハードルが高いと思います。この本に書かれたことを実践すれば、当選できるのでしょうか？

鈴木　一番のハードルは、何をしなければならないのかがわからないこと、つまり情報の閉鎖性だと思っています。だからこそ、選挙コンサルタントなる職業が成り立ち、新人候補はそのコンサルタントに多額のお金を払うことになるのだと思います。

選挙コンサルタントに相談する前に、大雑把なイメージをつかんでいただくには、十分役に立つと思っています。そのうえで、本格的に考えるのであれば、まずは政党の門をたたき、勉強することだと思います。もしくは、誰かの選挙を手伝うことで、実践的に勉強できます。本書を片手に、誰かの選挙を何度か手伝ってみると、より理解が深まると思います。

新倉　マーケティングって「魔法の杖」なんですよ。なんでも叶えてくれます。そして、なんにでも使えます。マーケティングは「普遍の知」を結集したものなのですから。商品という業界、サービスという業界、政界という業界……というように、それぞれの「現場の知」に還元してあげられるかどうか、そこができるか否かなんです。

テーマ④　研究者としての課題と抱負

――選挙について書かれた本は多いのですが、マーケティングの観点から理論的に説明した本は少ないような気がします。

新倉　今の日本では、選挙や政治をマーケティングとしてとらえている研究者は、かなり少ないと思いますね。データサイエンティストと呼ばれる方々で、投票期間中のＳＮＳでの口コミの影響や、選挙に関するさまざまな行動履歴について、ビッグデータを使って研究している方が少しずつ増えてきている程度、が現状です。

難しいのは、やはりわれわれの心のうち、心理的な側面なんです。「大っ嫌い」と口に出しも、本当は「大好き」だったり、行動の裏側は一筋縄ではなく、なかなかわかりません。

たとえ脳内のメカニズムが完全に解明できたとしても、一人ひとりの経験した歴史と感情を詰め込んだ〝ソフト〟や〝アプリ〟は、それぞれに違いますので、人間行動の解明や予測はなかなか難しいのです。そのため、一つひとつの行動をじっくりと観察して、その行動を引き起こす要因を特定化して、それらを丹念に積み上げながら、それらがどの程度、その行動を引き起こす可能性があるかを検証していくという、気の長い作業が必要なんです。

鈴木さんにはぜひとも、議員としてだけではなく、研究者としても、投票行動の全容解明に向けて、さらに研鑽することを期待しています。近いうちに、一緒に学会報告に行きましょう！

鈴木　ぜひ、先生と学会で報告させてください。まだまだ、選挙マーケティングに応用できる理論はたくさんあります。さらに研究を続けて、実践の場で繰り広げて、結果を皆さまに広く公開したいと思います。また、独自のモデルや理論の開発などもできればと思っています。

現場で行なった内容や独自の理論を学術的な学会などで幅広く研究発表し、「選挙や政治という分野でマーケティングを語る」という新しい試みをしてみたいと思っています。

――おふたりのこれからのご活躍を祈念して対談を終わりにしたいと思います。本日は、どうもありがとうございました。

あとがき

私が執筆している2020年6月、やっと緊急事態宣言が解除となり、少しずつですが、日常が戻り始めました。しかし緊急事態宣言が、いつまた再発動されるか予断を許さない状況です。

コロナウイルスにより日本人のワークスタイルが変わり始めました。在宅勤務が当たり前のようになり、東京や大阪のような大都市の事務所に出社する必要がなくなりつつあります。自宅や、場合によっては、出身地に帰って故郷からテレワークで仕事をされている方もいらっしゃるのではないでしょうか。

今、多くの日本人、とりわけビジネスマンは、心の小休止をしているのではないかと思っています。今までは、仕事仕事で時間に追われて自分を見つめ直す時間や心の余裕もなく、ひたすら突っ走ってきた方も多くいらっしゃると思います。そんな中年ビジネスマンにあらためて申し上げたいのは、コロナ禍で時間的な余裕ができた今こそ、ご自分の人生を棚卸しして、今後のセカンドキャリアをじっくりと考えられてはいかがでしょうか、ということです。

今の自分と将来のなりたい自分とのギャップは何か、スキルギャップや知識のギャップなどテクニカルな分析だけではなく、心のギャップを冷静に分析できるときです。セカンドキャリアを考えるうえで、地方議員になるという選択がされることを筆者として望むところではありますが、それも一つの選択肢でしかありません。議員になるためのマーケティングを書かせていただきましたが、あなたが、満足できる豊かなセカンドキャリアを選ばれて、生き生きと働かれることを心より望みます。

最後まで本書をお読みいただき、誠にありがとうございました。

２０２０年６月

鈴木たつお

著者紹介

鈴木たつお（すずき・たつお）

1969 年東京都深川生まれ。東京都東村山市在住。法政大学大学院経営学博士前期課程修了。産業能率大学大学院経営情報修士課程修了。マイクロソフト（株）ＩＴ市場開発部部長、（株）アッカ・ネットワークス（NTT グループ）執行役員ソリューション営業本部長、（株）ウィルコム（現ソフトバンク）執行役員 法人事業本部本部長など、ＩＴ企業でキャリアを積む。ウィルコム勤務時に経営破綻を経験し、役員職として再建に携わった。退任後、起業。会社経営を行ないながら、法政大学大学院にて新倉教授に師事。選挙マーケティングを研究。その結果を実践に活かすべく、2019 年地方統一選挙で東村山市議会選挙に出馬し、見事当選を果たす。キャッチフレーズは「人と企業を呼び込む東村山の営業部長」。

新倉貴士（にいくら・たかし）

1966 年神奈川県横須賀市生まれ。1989 年明治大学商学部卒業。1991 年横浜国立大学大学院経営学研究科修士課程修了。1995 年慶應義塾大学大学院経営管理研究科博士課程単位取得満期退学。1998 年慶應義塾大学より博士号（経営学）を取得。関西学院大学商学部教授を経て、現在は法政大学大学院経営学研究科教授。専門は消費者行動論。主な著書に、『消費者行動論』（青木幸弘、佐々木壮太郎、松下光司との共著、有斐閣、2012 年）、『ケースに学ぶマーケティング』（青木幸弘、松下光司、土橋治子らと共著、有斐閣、2016 年）など多数。2006 年には『消費者の認知世界：ブランドマーケティング・パースペクティブ』にて日本商業学会学会賞奨励賞受賞。

◆議員になり、地域に貢献してみたい方は、ぜひこちらへご連絡ください！

株式会社 Happy Rose（議員になりたい方をサポートする会社です）
ご連絡は、担当：葛西まで。

住　所　　〒189-0013 東京都東村山市栄町 2-20-10-301
TEL/FAX　042-511-5737
メールアドレス　happy.rose.rentacar@gmail.com
ホームページ　　http://happyrose001.com

ビジネスマンよ　議員（ぎいん）をめざせ！

2020年11月6日　第1刷発行
2020年11月28日　第2刷発行

著　者　鈴木（すずき）たつお　新倉貴士（にいくらたかし）
編集協力　天尾美花（あまおみか）　石原（いしはら）ひさし
発行者　落合英秋
発行所　株式会社 日本地域社会研究所
〒167-0043　東京都杉並区上荻 1-25-1
TEL（03）5397-1231（代表）
FAX（03）5397-1237
メールアドレス　tps@n-chiken.com
ホームページ　http://www.n-chiken.com
郵便振替口座　00150-1-41143
印刷所　中央精版印刷株式会社

ISBN978-4-89022-269-8

―――― 日本地域社会研究所の好評図書 ――――

脱・価格競争で売れ。

堀田周郎著…今だから話せる〝播州ハムブランド〟の誕生秘話。ロゴマークの作り方、マスコミの利用法など、実践的なアドバンテージ・マーケティングを解説。ブランディングとは小さな会社ほど簡単で、一歩抜け出すための最適な方法の構築を説く。

46判186頁／1700円

失われたバラ園

文・はかたたん／絵・さわだまり…福島県双葉町に「双葉バラ園」はありました。17歳の時、街角に咲く真紅のバラに感動した岡田勝秀さんが丹精込めて作り上げたバラ園です。でも、東日本大震災で立ち入り禁止になり、もう訪れることはできないのです。

B5判上製32頁／1400円

偉人の誕生日366名言集 ～人生が豊かになる一日一言～

久恒啓一編著…実業家・作家・政治家・科学者など古今東西の偉人たちはどう生きたのか。名言から、いい生き方や人生哲学を学ぶ。うるう日を含めた1年366日そばに置きたい座右の書！

46判550頁／3500円

77のことわざで学ぶ安全心得 油断大敵、安全第一

黒島敏彦著…偶然ではなく必然で起こる事故。ことわざには、日常にひそむ危険から身を守り、予防するためのヒントがある。現場や朝礼でも使える安全心得をわかりやすく教えてくれる1冊。きっと役に立つ安全マニュアル！

46判208頁／1800円

企業が求める発明・アイデアがよくわかる本 夢をお金に変える方法を教えます！

中本繁実著…どうすれば小さな発想や思いつきが大きな成功へとむすびつくのか。発明の極意とは？　夢と志があればヒット商品開発者になれる。アイデアを企業に商品化してもらうための方法を説く。

46判229頁／1800円

おんがくかい

絵と文／きむらしょうへい…とうとう世界が平和になったことをお祝いする音楽会が、ルセール国で始まりました。さまざまな動物たちが、ちきゅう音楽を奏でます。音楽が聞こえてくるような楽しい絵本。

B5判上製30頁／1500円

―― 日本地域社会研究所の好評図書 ――

國安正昭著…外国人など見たこともない少年時代を経て、東大から外務省へ。大臣官房外務参事官、審議官、スリランカやポルトガルの特命全権大使などを歴任。そこで得た歴史的な経験と幅広い交友を通じて、日本と日本外交の進むべき道を探る。

山口県のド田舎から世界へ　元外交官の回顧録

46判156頁／1400円

みんなのキクイモ研究会編…菊芋の栄養と味にほれ込み、多くの人に食べてほしいと願う生産者の情熱。それを応援しようと地元の大学や企業が立ち上がる！　人のカラダのみならず、地域も元気にする「キクイモ」のすべてをわかりやすく解説。

キクイモ王国　地方の時代を拓く食のルネサンス

A5判152頁／1250円

大澤史伸著…世の中で困難にであったとき、屈するのか、ピンチをチャンスに変えることができるのか。その極意を聖書の物語から読み解く。他人任せの人生ではなく、自分の道を歩むために役立つ本。人生成功のヒントは聖書にある！

チャンスをつかみとれ！　人生を変える14の物語

46判116頁／1250円

玉木賢明著…なぜ法律は必要なのか。社会は法律によって守られているのか。社会を守る法律も、使い方次第で、完全ではない。悪しき制度・法令がなぜ簡単にできてしまうのか。日本人のアイデンティティの意識の低さを鋭く指摘する啓蒙書！

庶民派弁護士が読み解く　法律の生まれ方

46判117頁／1250円

中本繁実著…どんなに素晴らしいアイデアや技術、人材もそれを言葉と文章で伝えられなければ採用されません。今まで何万件もの発明出願書類を添削してきた著者が、その極意と技術を教えてくれる。発明家、技術者、理系の学生など必読の書！

誰でも書ける！「発明・研究・技術」小論文の書き方

成功・出世するノウハウを教えます

A5判200頁／1800円

中本繁実著…アタマをやわらかくすると人生が楽しくなる。ヒラメキやアイデアの出し方から提案の仕方まで、チェックリスト付きですぐに使える発明・アイデアを入賞に導くための本！

やさしい改善・提案活動のアイデアの出し方

世の中で成功・出世するために

A5判192頁／1800円

日本地域社会研究所の好評図書

前立腺がん患者が放射線治療法を選択した理由
がんを克服するために

小野恒ほか著・中川恵一監修…がんの治療法は医師ではなく患者が選ぶ時代。告知と同時に治療法の選択をせまられる。正しい知識と情報が病気に立ち向かう第一歩だ。治療の実際と前立腺がんを経験した患者たちの生の声をつづった一冊。

46判174頁／1280円

こうすれば発明・アイデアで「一攫千金」も夢じゃない！
あなたの出番ですよ！

中本繁実著…細やかな観察とマメな情報収集、的確な整理が成功を生む。アイデアのヒントは日々の生活の中に埋もれている。好きをお金に変えようと呼びかける楽しい本。

46判205頁／1680円

高齢期の生き方カルタ
～動けば元気、休めば錆びる～

三浦清一郎著…「やること」も、「行くところ」もない、「毎日が日曜日」の「自由の刑（サルトル）」は高齢者を一気に衰弱に追い込む。終末の生き方は人それぞれだが、現役への執着は、人生を戦って生きようとする人の美学であると筆者は語る。

46判132頁／1400円

新・深・真　知的生産の技術
知の巨人・梅棹忠夫に学んだ市民たちの活動と進化

久恒啓一・八木哲郎著／知的生産の技術研究会編…梅棹忠夫の名著『知的生産の技術』に触発されて1970年に設立された知的生産の技術研究会が研究し続けてきた、知的創造の活動と進化を一挙に公開。巻末資料に研究会の紹介も収録されている。

46判223頁／1800円

大震災を体験した子どもたちの記録

宮﨑敏明著／地球対話ラボ編…東日本大震災で甚大な津波被害を受けた島の小学校が図画工作の授業を中心に取り組んだ「宮古復興プロジェクトC」の記録。災害の多い日本で、復興教育の重要性も合わせて説く啓蒙の書。

A5判218頁／1389円

日英2カ国語の将棋えほん
漢字が読めなくても将棋ができる！

斉藤三笑・絵と文…近年、東京も国際化が進み、町で外国人を見かけることが多くなってきました。日本に来たばかりの生徒もこの本を見て、すぐにみんなと将棋を楽しんだり、将棋大会に参加するなんてこともできるかもしれません。（あとがきより）

A4判上製48頁／2500円

日本地域社会研究所の好評図書

船後靖彦・文／金子礼・絵…ＭＬＤという難病に苦しみながら、治療法が開発されないまま亡くなった少女とその家族をモデルに、重度の障害をかかえながら国会議員になった船後靖彦が、口でパソコンを操作して書いた物語。

三つ子になった雲
難病とたたかった子どもの物語 新装版

Ａ５判上製３６頁／１４００円

中本繁実著…「固い頭」を「軟らかい頭」にかえよう！ 小さな思いつきが、努力次第で特許商品になるかも。出願、売り込みまでの方法をわかりやすく解説した成功への道しるべともいえる１冊。

思いつき・ヒラメキがお金になる！
簡単！ドリル式で特許願書がひとりで書ける

Ａ５判２２３頁／１９００円

阪尾真由美著／中本繁実監修…絵を描きたいけれど、どう描けばよいのかわからない。または、描きたいものがあるけれどうまく描けないという人のために、描けるようになる方法を簡単にわかりやすく解説してくれるうれしい指南書！

誰でも上手にイラストが描ける！ 基礎とコツ
知っておけば絶対トクする優れワザ

Ａ５判２２７頁／１９００円

柴生田俊一著…『地球歳時記』なる本を読んだ著者は、短い詩を作ることが子どもたちの想像力を刺激し、精神的緊張と注意力を目覚めさせるということに驚きと感銘を受けた。ＪＡＬハイク・プロジェクト５０年超の軌跡を描いた話題の書。

子ども地球歳時記 ハイクが新しい世界をつくる

Ａ５判２２９頁／１８００円

一般社団法人ザ・コミュニティ編／大泉洋子・文…ゆくえの知れぬ主人をさがしてさまよい歩き、荻窪から飯田橋へ。たどり着いた街でたくさんの人に愛されて、天寿（享年２６）をまっとうした奇跡の猫の物語。

神になった猫
天空を駆け回る

Ａ５判５４頁／１０００円

三浦清一郎著…新しい元号に「和」が戻った。「和」を重んじ競争を嫌う日本文化に、実力主義や経済格差が入り込み、歪みが生じている現代をどう生きていけばよいのか。その道標となる書。

次代に伝えたい日本文化の光と影

４６判１３４頁／１４００円

―――― 日本地域社会研究所の好評図書 ――――

中本繁実著…あなたのアイデアが莫大な利益を生むかも……。発想法、作品の作り方、アイデアを保護する知的財産権の取り方までをやさしく解説。発明・アイデア・特許に関する疑問の答えがここにある。

知識・知恵・素敵なアイデアをお金にする教科書

億万長者も夢じゃない！

46判180頁／1680円

大村亮介編著…世の中のAI化がすすむ今、営業・接客などの販売職、管理職をはじめ、学校や地域の活動など、さまざまな場所で役に立つコミュニケーション術をわかりやすく解説したテキストにもなる1冊。

AI新時代を生き抜くコミュニケーション術

46判157頁／1500円

中本繁実著…自分のアイデアやひらめきが発明品として認められ、製品になったら、それは最高なことである。誰にでも可能性は無限にある。発想力、創造力を磨いて、道をひらくための指南書。

誰でも発明家になれる！

できることをコツコツ積み重ねれば道は開く

46判216頁／1680円

久恒啓一編著…人生後半からひときわ輝きを放った81人の生き様は、新時代を生きる私たちに勇気を与えてくれる。長寿者から学ぶ「人生100年時代」の生き方読本。

人生遅咲きの時代　ニッポン長寿者列伝

46判246頁／2100円

金屋隼斗著…高騰する医療費。競合する医療業界。増加する健康被害。国民の思いに寄り添えない医療の現実に正面から向き合い、現代医療の問題点を洗い出した渾身の書！

現代医療の不都合な実態に迫る

患者本位の医療を確立するために

46判181頁／1500円

前立腺がん患者会編・中川恵一監修…ある日、突然、前立腺がんの宣告。頭に浮かぶのは仕事や家族のこと、そして治療法や治療費のこと。前立腺がんを働きながら治した普通の人たちの記録。

体験者が語る前立腺がんは怖くない

46判158頁／1280円

※表示価格はすべて本体価格です。別途、消費税が加算されます。